QU'EST-CE QUE LA PERCEPTION ?

CHEMINS PHILOSOPHIQUES

Collection dirigée par Roger POUIVET

Jérôme DOKIC

QU'EST-CE QUE LA PERCEPTION ?

Deuxième édition

Paris
LIBRAIRIE PHILOSOPHIQUE J. VRIN
6, place de la Sorbonne, V^e
2009

G. BERKELEY, *Un essai pour une nouvelle théorie de la vision*, § 93-99, dans *Œuvres I*, trad. fr. L. Déchery
© Paris, PUF, 1985

J. MCDOWELL, *Mind and World*, § 1-2
© Cambridge (Mass.), Harvard University Press, 1994

© *Librairie Philosophique J. VRIN,* 2004, 2009
Imprimé en France

ISSN 1762-7184
ISBN 978-2-7116-1670-1

www.vrin.fr

QU'EST-CE QUE LA PERCEPTION ?

INTRODUCTION

Notre rapport ordinaire au monde doit beaucoup à la perception, mais les conceptions philosophiques sur la nature de l'expérience sensorielle divergent considérablement. Cette présentation a pour but d'examiner et d'évaluer quelques-unes parmi les plus importantes d'entre elles. Les problèmes de la perception peuvent être abordés sous des angles divers, tels que ceux des sciences cognitives, de la philosophie de l'esprit et de l'épistémologie. Les sciences cognitives s'intéressent surtout aux mécanismes psychologiques et neurophysiologiques de la perception. Elles étudient notamment les processus par lesquels les différents sens nous renseignent sur notre environnement, d'une manière qui détermine l'action et la réflexion. La philosophie de l'esprit s'interroge sur les mécanismes de la perception, mais elle pose aussi des questions plus abstraites sur la structure de la perception comme un état mental *intentionnel*, c'est-à-dire toujours apparemment dirigé vers quelque objet. Enfin, l'épistémologie de la perception est une étude des rapports descriptifs et normatifs entre la perception et la connaissance. Elle pose en particulier la question de savoir si la perception a une valeur épistémique, et dans ce cas, si elle est une *source* ou une *forme* de connaissance.

Dans cette présentation, je vais mettre l'accent sur les questions épistémologiques relatives à la perception. Mon point de départ est le *langage* de la perception, c'est-à-dire les descriptions ou comptes-rendus ordinaires de situations perceptives. L'étude de ces descriptions et de leurs connotations épistémiques constitue une bonne introduction aux théories principales de la perception. En effet, une taxinomie de ces théories peut être élaborée sur la base de leur proximité ou de leur éloignement par rapport au langage de la perception. Il ne s'ensuit pas que la philosophie première soit celle du langage ordinaire. Au contraire, il faut laisser ouverte la possibilité que le langage de la perception véhicule une conception au moins en partie erronée des phénomènes perceptifs et de leur rapport à la connaissance.

Plusieurs autres questions centrales concernant la perception seront laissées de côté ici. La question du rapport constitutif entre la perception et l'action, la distinction entre les sens ou modalités sensorielles, la nécessité d'introduire la notion d'un contenu non conceptuel de la perception et la distinction classique entre les qualités premières et les qualités secondes, seront à peine évoquées. J'aurai l'occasion d'aborder certains de ces thèmes dans le commentaire des textes qui suivront la présentation [1].

LE LANGAGE DE LA PERCEPTION

L'un des points de départ d'une théorie de la perception est l'étude du langage que nous utilisons couramment pour décrire les phénomènes perceptifs et les rapporter à autrui. Il ne s'agit

---

1. Assez curieusement, il existe peu d'études systématiques récentes et en français sur la philosophie de la perception. Le livre de J. Bouveresse, *Langage, perception et réalité*, t. 1, *La perception et le jugement*, Nîmes, Chambon, 1995 et t. 2, *Physique, phénoménologie et grammaire*, Nîmes, Chambon, 2004, est une exception de taille. Je citerai également trois recueils interdisciplinaires récents : J. Proust (dir.), *Perception et intermodalité. Approches actuelles de la question de Molyneux*, Paris, PUF, 1997; P. Livet (dir.), *De la perception à l'action. Contenus perceptifs et perception de l'action*, Paris, Vrin, 2000; et J. Bouveresse et J.-J. Rosat, *Philosophies de la perception. Phénoménologie, grammaire et sciences cognitives*, Paris, Odile Jacob, 2003. Enfin, on trouvera une critique intéressante de l'approche phénoménologique de la perception dans le livre de J.-P. Cléro, *Théorie de la perception : de l'espace à l'émotion*, Paris, PUF, 2000.

pas de souscrire au point de vue selon lequel le langage est l'objet principal de la philosophie de la perception [1]. L'usage des verbes de perception véhicule des hypothèses tacites plus ou moins complexes, qui représentent notre conception ordinaire de la perception. Or il n'est pas établi *a priori* que ces hypothèses soient cohérentes, ou qu'elles décrivent correctement les phénomènes perceptifs. Toutefois, comme nous le verrons, les différentes théories de la perception peuvent être conçues selon leur degré d'attachement à la conception de la perception incarnée dans le langage ordinaire.

Une première remarque est que le verbe « percevoir » présente une ambiguïté. Percevoir, est-ce un processus ou le résultat d'un processus ? En tant que processus, la perception est une activité, mais en tant que résultat d'un processus, elle est plutôt un état. La réponse est que la perception est un phénomène complexe qui présente les deux aspects. Elle implique des *activités perceptives*, comme observer, scruter, examiner, écouter, toucher, etc., mais elle implique aussi un *état perceptif*, plus précisément une expérience, comme voir ou entendre. La distinction se manifeste notamment dans le fait que certains adverbes conviennent mieux aux verbes d'activité perceptive qu'à ceux d'expérience perceptive. Par exemple, on peut écouter attentivement une mélodie, mais on ne peut pas l'entendre attentivement. On peut observer une personne de la tête aux pieds, mais on dirait moins facilement qu'on la voit de la tête aux pieds, ou alors dans un sens différent.

Une théorie adéquate de la perception doit rendre compte de la part respective, dans toute situation de perception, des activités et de l'expérience perceptives. D'une part, les conceptions traditionnelles de la perception ont souvent insisté sur l'expérience perceptive au détriment des activités perceptives. Elles ont ainsi négligé la dimension essentiellement active et corporelle de la perception. Percevoir, c'est engager son corps dans

---

1. Un tel point de vue est défendu par J.-L. Austin, *Le langage de la perception*, trad. fr. P. Gochet, Paris, Colin, 1971.

une activité spécifique, qui définit au moins en partie les différentes modalités sensorielles (voir, toucher, entendre, etc.) par
lesquelles nous entrons en relation avec le monde[1]. D'autre part,
des théories plus récentes de la perception, qui ont cherché à
critiquer les modèles traditionnels, ont privilégié les activités
perceptives au détriment de l'expérience, ce qui les a parfois
conduites à ignorer ou à sous-estimer la dimension phénoménale
et épistémique de la perception. La perception n'est pas seulement une action. C'est un état conscient, dans lequel le sujet est
au moins en partie réceptif, et qui constitue une source de
connaissance sur le monde.

Les formes variées des *comptes-rendus de perception* dans le
langage ordinaire constituent une autre source d'intérêt pour la
philosophie de la perception. Par exemple, nous pouvons rapporter une situation de perception visuelle, dans laquelle Marie
danse, d'au moins trois manières différentes :

a) Pierre voit Marie ;
b) Pierre voit Marie danser ;
c) Pierre voit que Marie danse.

Dans l'exemple a), le verbe « voir » prend un complément
nominal, « Marie », qui fait ici référence à une personne. En ce
sens, on peut voir non seulement des entités matérielles spatio-
temporelles (des pierres, le soleil, la table), mais aussi des entités
temporelles (des événements, comme une éclipse de soleil ou le
jet d'une pierre), des entités bi-dimensionnelles plus ou moins
évanescentes (des inscriptions sur un mur, des ombres).

L'exemple b) fait intervenir une construction que les linguistes appellent « infinitif nu », parce que le complément du
verbe « voir » est un verbe à l'infinitif. Celui-ci est parfois rem-

---

1. R. Casati et J. Dokic, *La philosophie du son*, Nîmes, Chambon, 1994,
chap. 1. La nécessité de prendre en compte la dimension corporelle et active de
la perception a été mise en évidence surtout par la tradition phénoménologique ;
voir par exemple M. Merleau-Ponty, *Phénoménologie de la perception*, Paris,
Gallimard, 1945.

placé par d'autres constructions qui nous renseignent également sur la situation perceptive décrite, comme dans « Pierre voit Marie dans le salon ».

Dans l'exemple c), le verbe « voir » prend un complément propositionnel, « que Marie danse ». On parle de complément propositionnel au sens où la conjonction de subordination « que » introduit une autre proposition dans le discours, à savoir « Marie danse ». Si le complément nominal « Marie » fait référence à une entité réelle, à savoir Marie, il n'est pas évident que le complément propositionnel « que Marie danse » fasse référence à quoi que ce soit. Les philosophes considèrent parfois qu'il désigne ou correspond à un état de choses ou à un fait, à savoir le fait que Marie danse [1].

Les comptes-rendus a)-c) ont des propriétés sémantiques intéressantes. Premièrement, les constructions propositionnelles c) ont une propriété que les linguistes appellent « factivité » : si Pierre voit que Marie danse, alors Marie danse ou, ce qui revient au même, c'est un *fait* que Marie danse. Au sens littéral, Pierre ne peut pas *voir* que Marie danse si la proposition « Marie danse » est fausse. Par exemple, si Pierre voit une danseuse qui n'est pas Marie, s'il voit Marie qui ne danse pas mais qui cherche à chasser la guêpe qui la harcèle, ou encore s'il a une hallucination visuelle, il ne voit pas que Marie danse. De même, la vérité de « Pierre voit Marie danser », dans l'exemple b), semble impliquer la vérité de « Marie danse ». Si les constructions de type b) et c) sont *factives*, on peut dire que la construction a) est *existentielle* : si Pierre voit Marie, elle existe (à peu près au moment et à l'endroit où Pierre la voit). Certes, si l'usage ordinaire de « voir » manifeste une préférence marquée pour la factivité ou l'existence, celle-ci peut être annulée à tout moment. Ainsi, on peut dire que Macbeth « voit » un poignard devant lui. Mais si l'on veut éviter un malentendu, on précisera que Macbeth est victime d'une hallucination.

---

1. Notons toutefois que « Pierre voit que Marie danse » n'a pas tout à fait le même sens que « Pierre voit le fait que Marie danse ».

Une autre propriété sémantique intéressante concerne l'*opacité* des constructions propositionnelles par opposition à la *transparence* des autres constructions. Un énoncé standard de « Pierre voit que Marie danse » semble avoir deux implications. Premièrement, Pierre saisit la proposition que Marie danse : il a une certaine conception de Marie, et du fait qu'elle danse. En second lieu, sa conception du fait que Marie danse semble faire partie intégrante de la manière dont il appréhende visuellement la scène : il *reconnaît* Marie et *identifie* son comportement comme une danse. En d'autres termes, la construction propositionnelle a des connotations *épistémiques*. En voyant que Marie danse, Pierre *prend conscience* d'un fait. Ainsi, dans de nombreux contextes, la perception propositionnelle implique le savoir : si Pierre voit que Marie danse, il *sait* que Marie danse. Certains philosophes vont plus loin et défendent la thèse selon laquelle la perception est une *forme* de connaissance ; par exemple, voir que *p* est une manière de savoir que *p* [1]. (Je reviendrai sur cette thèse).

Par contraste, la construction nominale et la construction infinitive ne semblent pas avoir de connotations épistémiques. Pierre peut voir Marie sans la reconnaître comme telle. De même, il peut voir Marie danser sans prendre conscience du fait que Marie danse, *a fortiori* sans *savoir* que Marie danse. Par exemple, elle est masquée, ou entourée d'une foule d'autres danseurs, ou encore occupée à faire des gestes que Pierre n'identifie pas comme une danse. Dans l'un ou l'autre de ces cas, Pierre voit Marie danser, mais il ne voit pas *que* Marie danse. Les constructions a) et b) ne semblent même pas requérir que le sujet ait les concepts que l'auteur du compte-rendu déploie pour décrire la scène perçue. Par exemple, un jeune enfant qui ne sait pas encore ce qu'est le jeu d'échec peut voir une situation dans laquelle deux personnes jouent aux échecs. Comme il ne possède pas le concept de jeu d'échec, il ne peut pas voir *que* les deux personnes jouent aux échecs. La construction propositionnelle est opaque. Mais

---

1. Dans cette présentation, je suis la convention logique selon laquelle le symbole « *p* » indique l'emplacement d'une proposition vraie ou fausse.

les autres constructions sont transparentes : l'enfant voit une partie d'échec, et il voit deux personnes jouer aux échecs.

Pour résumer, la construction propositionnelle semble jouer simultanément deux rôles. Premièrement, elle décrit la scène réelle sur laquelle porte l'expérience de Pierre, au moyen d'une proposition comme « Marie danse ». En second lieu, elle décrit aussi cette expérience « de l'intérieur », en utilisant une proposition qui s'approcherait de celle que Pierre lui-même utiliserait pour décrire ce qu'il perçoit. Par contraste, les autres constructions décrivent une relation perceptive entre un objet ou un fait « de l'extérieur », indépendamment de la manière dont Pierre a visuellement appréhendé la scène [1].

Pour clore cette partie de ma présentation, je mentionnerai une autre construction impliquant les verbes de perception. Cette construction n'est pas exactement usuelle, mais elle a attiré l'attention des philosophes au moins depuis les remarques de Wittgenstein à son sujet [2]. Il s'agit du « voir comme » :

d) Je vois la figure sur la couverture de ce livre comme un lapin.

Dans la terminologie de Wittgenstein, c'est surtout une *figure* ou un *dessin* que l'on voit comme quelque chose d'autre. Je vois la figure sur la couverture comme un lapin, mais je pourrais aussi la voir comme un canard. Mais le phénomène que Wittgenstein appelle « changement d'aspect » ou « vue constante d'un aspect » (lorsque l'aspect, une fois remarqué, persiste dans

---

1. L'opacité des constructions propositionnelles empêche l'application de la loi de Leibniz selon laquelle les identiques peuvent être substitués *salva veritate*. Par exemple, même si Marie n'est autre que la voisine de Pierre, la vérité de « Pierre voit que Marie danse » n'implique pas la vérité de « Pierre voit que sa voisine danse ». En revanche, cette loi semble s'appliquer aux autres constructions. Par exemple, la vérité de « Pierre voit Marie danser » semble impliquer la vérité de « Pierre voit sa voisine danser ».

2. L. Wittgenstein, *Investigations philosophiques*, trad. fr. P. Klossowski, Paris, Gallimard, 1961, IIe partie, section XI. Wittgenstein emprunte l'exemple du canard-lapin au psychologue Joseph Jastrow, qui a étudié avec Peirce vers la fin du XIXe siècle.

l'expérience) concerne également les objets réels susceptibles de *présenter* les aspects en question. Une figure n'est ni un lapin ni un canard, mais si Pierre voit Marie comme une danseuse, il la voit comme quelque chose qu'elle est en réalité. Par ailleurs, selon Richard Wollheim, l'interprétation des représentations picturales en général fait intervenir une autre forme de perception, qu'il appelle « voir quelque chose *dans* quelque chose d'autre »[1]. Je vois Marilyn Monroe *dans* le tableau de Warhol, mais il est moins clair que je vois le tableau *comme* Marilyn, comme si je confondais une toile tendue sur un canevas avec une personne de chair. Wittgenstein fait observer qu'il est curieux de dire « Pierre voit la table comme une table » ou « Pierre voit la fourchette comme une fourchette ». Il a certainement raison, mais il ne s'ensuit pas que ces comptes-rendus soient faux. Pierre voit la table et la fourchette comme une table et une fourchette, mais il pourrait en être autrement ; après tout, certains sujets prennent bien leur femme pour un chapeau[2].

Que faut-il retirer de ces quelques remarques sur le langage de la perception ? L'usage courant des verbes de perception peut-il nous apprendre quoi que ce soit sur les phénomènes perceptifs eux-mêmes ? La tradition philosophique a implicitement répondu à cette question par la négative. Comme on le verra, des théories plus récentes de la perception rendent justice à davantage de traits du langage ordinaire.

LA PERCEPTION INTERNALISÉE

Selon une position que j'appellerai « internalisme de la perception », le langage de la perception est trompeur au sens où la factivité des constructions propositionnelles n'a pas d'équivalent sur le plan des phénomènes perceptifs eux-mêmes. Par

---

1. R. Wollheim, *L'art et ses objets*, trad. fr. R. Crevier, Paris, Aubier, 1994, chap. V, « Voir-comme, voir-dans et la représentation picturale ».
2. Je fais allusion au patient décrit par Oliver Sacks, *L'homme qui prenait sa femme pour un chapeau*, Paris, Seuil, 1992.

exemple, mon expérience perceptive lorsque je vois que les branches sont secouées par le vent peut être entièrement caractérisée sans faire référence à la scène physique perçue. Je pourrais avoir la même expérience en l'absence de l'arbre et de l'activité de ses branches. Certes, dans ce dernier cas, on ne décrirait pas ma situation en disant que je *vois* que les branches de l'arbre sont secouées par le vent, car le verbe « voir » est factif. Mais le langage ordinaire de la perception va au-delà de ma situation purement mentale lorsque je perçois un objet ou un fait. Les rapports ordinaires de perception ne rendent pas compte de l'*essence* de l'expérience perceptive. À tout le moins, ils l'associent à des traits contingents de la situation perceptive, comme le fait que le monde physique est tel que l'expérience perceptive le représente.

Pour chaque verbe épistémique factif qui admet une construction propositionnelle, comme « se souvenir », « apprendre » ou « voir », il existe un compte-rendu non factif ou *neutre*, qui annule explicitement l'implication factuelle. Par exemple, au lieu de dire « Je me souviens qu'il pleuvait mardi dernier », qui implique qu'il pleuvait mardi dernier, je peux dire « Il me semble me souvenir qu'il pleuvait mardi dernier », ou « Pour autant que je m'en souvienne, il pleuvait mardi dernier », qui n'implique pas qu'il pleuvait mardi dernier. De même, au lieu de dire « Jacques m'a appris que Pierre s'est marié », qui implique que Pierre s'est marié, je peux dire « Jacques m'a dit que Pierre s'est marié », qui ne l'implique pas. Enfin, au lieu de dire « Je vois qu'il pleut », qui implique qu'il pleut, je peux dire « Il me semble (visuellement) qu'il pleut », ou « J'ai l'impression visuelle qu'il pleut », qui n'implique pas qu'il pleut.

L'internalisme de la perception est la thèse selon laquelle les comptes-rendus perceptifs neutres rendent mieux compte de la réalité psychologique de mon expérience, dans la mesure où ils l'isolent du fait éventuellement perçu, qui ne lui correspond que de manière contingente. Dans la philosophie de l'esprit, l'internalisme (souvent associé à Descartes) est la conception selon laquelle les états mentaux en général ne doivent en rien leur existence à celle d'états de choses qui existent en dehors de l'esprit. L'internalisme affirme, contre l'externalisme, l'existence d'une ligne de partage entre ce qui est mental ou intérieur, et ce qui est non mental ou extérieur à l'esprit[1]. L'internalisme de la perception est une thèse plus spécifique, qui concerne seulement les phénomènes mentaux perceptifs. On peut être internaliste en ce qui concerne la perception et externaliste eu égard à d'autres types d'états mentaux.

On peut dépeindre l'expérience perceptive véridique comme le fruit d'une « coopération » entre l'esprit et le monde[2]. Selon l'internalisme de la perception, la contribution de l'esprit peut être considérée séparément de la contribution du monde. Par exemple, la situation perceptive dans laquelle Pierre voit que Marie danse est analysée au moyen d'une *conjonction* de deux facteurs indépendants, mental et physique :

(AC) Pierre voit que Marie danse = $_{df.}$ (i) Une condition interne est remplie : Pierre a une expérience visuelle spécifique, selon laquelle Marie danse, et (ii) un certain nombre de conditions externes sont remplies : Marie danse, et le fait qu'elle danse contribue à l'explication causale de l'expérience visuelle de Pierre.

L'analyse conjonctive (AC) fait apparaître l'expérience visuelle de Pierre comme un état mental *indépendant* de la scène perçue. Pierre pourrait avoir exactement la même expérience, en tant qu'état mental, en l'absence de Marie. La factivité du verbe ordinaire « voir » est ici expliquée comme un trait *accidentel* ou *contingent* de l'expérience visuelle de Pierre. Le verbe « voir » décrit en réalité une situation hybride, mi-mentale, mi-physique. Comme le dit John McDowell, lorsque notre expérience perceptive est véridique, le monde « nous fait une faveur ». L'esprit est modifié de telle manière que nous avons une expérience per-

---

1. Voir mon article « Philosophie de l'esprit », dans P. Engel (dir.), *Précis de philosophie analytique*, Paris, PUF, 2000.

2. À ce stade, on peut définir une expérience « véridique » comme une expérience qui peut être correctement décrite par un compte-rendu factif.

ceptive, et le monde, s'il nous est favorable, place cette expérience dans une relation appropriée à la scène représentée :

> Un argument attrayant […] se présente chaque fois qu'il semble correct de dire que nous avons besoin de la faveur du monde pour appliquer une construction d'un certain type : une construction qui commence par « voir que… », qui est épistémique et donc factive. Cet argument se présente lorsque les apparences sont illusoires, sans que l'on puisse imputer leur caractère potentiellement trompeur à la manière fautive dont le sujet se serait conduit dans l'espace des raisons. Le tort revient donc au monde, qui refuse de coopérer. De plus, lorsque les apparences ne sont pas illusoires, le monde nous est favorable. Chaque fois que nous avons cette structure d'argument, il nous semblera que la position épistémique exprimée par la construction « voir que… » est au mieux dérivative : le véritable point de départ dans l'espace des raisons doit être un trait commun au cas favorable et au cas potentiellement trompeur (par exemple, le fait qu'il nous apparaisse visuellement comme si le monde était de telle et telle manière) [1].

Selon l'internalisme de la perception, les comptes-rendus neutres ont une priorité ontologique sur les comptes-rendus factifs. L'internalisme de la perception est motivé par un argument influent, auquel McDowell fait allusion à la fin de la citation ci-dessus. C'est l'argument de l'illusion, vers lequel je me tourne à présent.

L'ARGUMENT DE L'ILLUSION

Maints problèmes philosophiques de la perception naissent d'un conflit entre deux principes qui sont à première vue également plausibles [2]. Le premier principe est le *principe d'immédiateté* : dans la perception, au moins visuelle, nous avons l'im-

---

1. J. McDowell, « Knowledge and the Internal », chap. 18, dans *Meaning, Knowledge, and Reality*, Cambridge (Mass.), Harvard University Press, 1998.
2. Je suis ici la présentation de T. Crane dans le chap. 5 de son livre *Elements of Mind. An Introduction to the Philosophy of Mind*, Oxford, Oxford University Press, 2001.

pression d'être en rapport immédiat avec le monde physique et ses lois causales. Nous n'avons pas l'impression de percevoir le monde physique en prenant d'abord connaissance d'autre chose, comme des données sensorielles purement mentales. L'autre principe est le *principe phénoménal* formulé par Howard Robinson :

> Si un sujet a l'impression sensible qu'il y a quelque chose qui présente une qualité sensible particulière, alors il y a quelque chose dont le sujet est conscient et qui présente cette qualité sensible [1].

L'intuition qui sous-tend ce principe est qu'une expérience perceptive est toujours l'expérience d'une réalité phénoménale. Si je fais l'expérience visuelle d'une fleur rouge, alors il existe un objet réel, une fleur rouge, visé par mon expérience. Le principe phénoménal ne semble pas dépendre du fait que mon expérience est véridique et correspond à une fleur rouge dans le monde physique.

Le principe d'immédiateté et le principe phénoménal entrent en conflit dans le cas des expériences non véridiques, ou *illusoires*. Je suis victime d'une illusion dans l'un ou l'autre des cas suivants. Dans le premier cas, je perçois un objet physique comme ayant quelque propriété qu'il n'a pas réellement. Par exemple, j'ai l'impression visuelle d'une fleur rouge qui a une réalité physique mais qui est bleue. Dans le second cas, plus grave, j'ai une hallucination, et ne perçois aucun objet physique du tout. Par exemple, j'ai l'impression visuelle d'une fleur rouge mais rien de tel n'existe dans mon environnement physique. Dans les deux cas, le principe phénoménal implique que je suis conscient d'un objet réel qui a l'apparence d'une fleur rouge mais qui n'est identique à aucun objet physique.

C'est ici que l'argument de l'illusion entre en scène [2]. Si l'illusion me fait prendre conscience d'une réalité non physique,

---

1. H. Robinson, *Perception*, London, Routledge, 1994, p. 32.

2. Pour une présentation classique de l'argument de l'illusion, voir les deux premiers chapitres de A. Ayer, *The Foundations of Empirical Knowledge*,

ne faut-il pas reconsidérer le principe d'immédiateté ? Je peux être victime d'une illusion sans le savoir : je ne peux pas distinguer, de l'intérieur, entre une expérience véridique et une illusion. Par conséquent, l'objet de l'une ne peut pas être radicalement différent de l'objet de l'autre. Dans les deux cas, je prends immédiatement conscience d'un ensemble de *sense-data*. Pour autant que je le sache, l'être des *sense-data* est leur être perçu. À tout le moins, les *sense-data* sont des entités auxquelles je n'ai accès qu'à travers l'expérience directe que j'en ai. Leur seul effet causal semble être celui qu'ils ont sur mon expérience [1].

Il vaut la peine d'analyser plus avant l'argument de l'illusion. Celui-ci comporte en réalité deux sous-arguments ou lemmes. Le premier lemme concerne spécifiquement l'illusion, et comporte deux thèses distinctes :

1) Lorsqu'un sujet est victime d'une illusion, son expérience a un objet déterminé.

2) Pour autant que le sujet le sache, cet objet est un ensemble de *sense-data*.

La thèse 1 est une application du principe phénoménal à l'expérience illusoire. Par exemple, lorsque Pierre a l'impression visuelle trompeuse d'une fleur rouge devant lui, il prend conscience d'un objet complexe, qui est « l'objet intentionnel » de son expérience. Par « objet intentionnel » (ou objet tout court), j'entends l'entité, quelle qu'elle soit, qui fait que Pierre a une impression visuelle déterminée, à savoir *qu'il y a une fleur rouge devant lui*. La thèse 2 découle du fait que l'objet de l'illusion ne peut être identifié à aucun élément du monde physique. Les *sense-data*, conçus comme les données immédiates de l'expérience illusoire, sont des objets curieux. Contrairement aux

Londres, Mac Millan, 1940. Pour deux critiques sévères de cet argument, voir J. L. Austin, *op. cit.*, et G. Ryle, *La notion d'esprit*, trad. fr. S. Stern-Gillet, Paris, Payot, 1978, p. 199-211.

1. Sur la notion de *sense-data*, et sur leur différence avec l'expérience ou la sensation, voir par exemple le chap. 1 de B. Russell, *Les problèmes de la philosophie*, trad. fr. F. Rivenc, Paris, Payot, 1989.

objets physiques, on ne peut pas les empoigner, ou leur marcher dessus. Macbeth ne pourrait pas se saisir du poignard qu'il semble voir devant lui pour tuer qui que ce soit.

Le second lemme de l'argument de l'illusion commence par mettre en évidence les similarités qui existent entre la perception et l'illusion. Supposons que Pierre ait une expérience visuelle dont il n'a aucune raison de penser qu'elle est illusoire. Il semble évident que rien *dans* son expérience ne peut confirmer l'hypothèse qu'elle est véridique. Même si le slogan « Cette expérience est véridique ! » apparaissait en lettres de feu dans son champ visuel, Pierre pourrait se demander s'il dit la vérité. Certes, d'autres expériences, passées et futures, sont susceptibles de conforter l'hypothèse que Pierre n'est pas victime d'une illusion, mais les mêmes doutes peuvent être soulevés à leur propos. On ne sort pas du cercle de nos expériences [1] :

> 3) Une expérience véridique et une illusion peuvent se ressembler en tous points, au sens où le sujet peut ne pas savoir, de l'intérieur, dans lequel des deux états il se trouve.

De cette constatation, apparemment triviale, l'argument de l'illusion tire une conclusion surprenante : si une expérience véridique peut ressembler en tous points à une illusion, leur objet ne saurait relever d'une catégorie ontologique radicalement différente. Comme l'objet d'une illusion est un ensemble de *sense-data*, l'objet de l'expérience véridique l'est également :

> 4) L'objet d'une expérience véridique a le même statut ontologique que l'objet d'une illusion.
> 5) Donc, l'objet de toute expérience, qu'elle soit véridique ou illusoire, est un ensemble de *sense-data*.

La conclusion de l'argument de l'illusion est donc la suivante. L'expérience véridique et son corrélat illusoire ont un

---

1. Sur l'idée selon laquelle nous ne pouvons pas sortir du cercle de nos expériences (et en général de nos idées), voir D. Hume, *Traité de la nature humaine*, trad. fr. A. Leroy, Paris, Aubier, 1973, p. 139.

double dénominateur commun : ils relèvent du même type d'expérience, et leur objet est un ensemble de *sense-data*. Avant de soumettre l'argument de l'illusion à la critique, considérons quelques-unes de ses applications concrètes.

Le crayon plongé dans le verre d'eau. Un crayon est à moitié plongé dans un verre d'eau. J'ai l'impression visuelle illusoire que le crayon est courbé.

La pièce de monnaie elliptique. Je vois une pièce de monnaie que je tiens par la tranche entre mon pouce et mon index. Étant donnée mon orientation spatiale par rapport à la pièce, j'ai l'impression visuelle qu'elle est elliptique.

Dans les deux cas, mon expérience illusoire a un objet, décrit par les mots « le crayon est courbé » et « la pièce est elliptique » (prémisse 1). Cet objet est un ensemble de *sense-data* qui ne peut être identifié à aucun élément du monde physique : aucun crayon courbé ou pièce elliptique ne se trouve là où j'ai l'impression visuelle de voir quelque chose (prémisse 2). Par ailleurs, je ne saurais dire, en réfléchissant sur mon expérience, si elle est illusoire ou véridique (prémisse 3). Par conséquent, dans tous les cas où j'ai l'impression visuelle qu'un crayon est courbé ou qu'une pièce est elliptique, mon expérience porte sur des *sense-data* (prémisse 4 et conclusion 5).

Ces deux exemples, bien connus, sont contestables dans la mesure où l'expérience du crayon immergé, comme celle de la pièce de monnaie inclinée, peuvent difficilement être décrites comme des illusions. Je vois que le crayon est plongé dans l'eau, de même que je vois que la pièce de monnaie est inclinée ; pour cette raison, il n'est pas évident que j'aie la même impression visuelle que celle que j'aurais devant un crayon courbé ou une pièce de monnaie elliptique. Des remarques similaires valent pour d'autres exemples traditionnels, qui font intervenir des objets éloignés ou des reflets dans le miroir. La prémisse 3, dont dépend immédiatement la prémisse 4, n'est pas ici très plausible. Peut-être l'exemple suivant est-il plus crédible.

L'image consécutive. Dans certaines circonstances, par exemple dans le noir, je peux avoir l'impression visuelle qu'un objet luit faiblement devant moi. En réalité, je suis victime de ce que les psychologues appellent une « image consécutive », c'est-à-dire une « empreinte » visuelle causée par une précédente exposition à une source de lumière plus forte.

Cet exemple peut être présenté de telle sorte que je ne sais pas si j'ai une expérience véridique ou si je suis victime d'une illusion. Mon expérience me semble être compatible, sur le plan réflexif, avec l'un et l'autre cas. Selon l'argument de l'illusion, mon impression visuelle a le même objet que toute autre impression similaire de l'intérieur, à savoir un ensemble de *sense-data*.

Le dernier exemple que je considérerai est une généralisation du précédent. Supposons qu'une expérience perceptive « survienne » sur des stimulations neuronales dans le cerveau (ou peut-être à la limite du corps). Par « survenance », je veux dire ici que toute différence *apparente* dans l'objet présenté au sujet doit nécessairement être accompagnée d'une différence dans l'ensemble des stimulations sensorielles. On peut très bien soutenir une telle thèse sans affirmer que mon expérience est littéralement *identique* à l'ensemble des stimulations neuronales qui la sous-tend. Le point important est que la thèse de la survenance implique l'internalisme de la perception. Elle suppose en effet que toute expérience véridique peut *en principe* être simulée : il suffit de reproduire les même stimulations neuronales en l'absence de la scène véritablement perçue. Il importe peu que la simulation de l'expérience soit causée par le Malin Génie ou par un scientifique fou. Dans les deux cas, on retrouve la clef de voûte de l'argument de l'illusion [1].

Dans la suite de ma présentation, j'exposerai deux théories de la perception qui reprennent la conclusion de l'argument de

---

1. Une autre variante du même exemple est le scénario des « cerveaux dans la cuve » imaginé par H. Putnam (mais largement anticipé par la science-fiction) dans le chap. 1 de *Raison, vérité, histoire*, trad. fr. A. Gerschenfeld, Paris, Minuit, 1984.

l'illusion, à savoir le phénoménisme et le réalisme indirect. J'aborderai ensuite les théories de la perception qui rejettent cette conclusion. Sur le plan de la forme, l'argument de l'illusion est lacunaire. Premièrement, le fait que l'on ne puisse pas distinguer de l'intérieur entre une expérience véridique et une illusion n'implique pas que les deux expériences constituent le même état mental. En second lieu, il faut montrer que deux expériences qui constituent le même état mental ont nécessairement le même type d'objet. Enfin, il n'est pas évident que nous devions considérer que l'illusion a un objet réel, comme le principe phénoménal nous l'impose. Comme nous le verrons, ces lacunes sont exploitées par des théories de la perception qui rejettent l'argument de l'illusion, à savoir respectivement la théorie disjonctive, la théorie bipolaire et la théorie adverbiale.

Faut-il accepter la conclusion de l'argument de l'illusion ?	
oui VOUS ÊTES ICI : – Phénoménisme – Réalisme indirect	non – Théorie adverbiale – Théorie bipolaire – Théorie disjonctive

LE PHÉNOMÉNISME

Le *phénoménisme* (ou phénoménalisme) est l'une des théories de la perception qui acceptent la conclusion de l'argument de l'illusion. Cette théorie admet que le monde de la perception est exclusivement peuplé de *sense-data*. Nous percevons des objets qui, pour autant que nous le sachions, dépendent toujours de l'expérience que nous en avons. Autrement dit, la perception est incapable de nous mettre en relation avec des entités douées d'une existence autonome, « en dehors » de nous [1].

---

1. L'origine classique du phénoménisme est G. Berkeley, *Principes de la connaissance humaine*, dans *Œuvres I*, G. Brykman (dir.), Paris, PUF, 1985.

Le phénoménisme va toutefois au-delà de la conclusion de l'argument de l'illusion. Il propose en sus une réinterprétation radicale de la notion de réalité, et plus particulièrement de la signification des énoncés empiriques. De tels énoncés portent en apparence sur un monde physique qui dépasse l'expérience que nous en avons. Pour le tenant du phénoménisme, toute référence à un objet physique peut cependant être comprise comme portant sur une construction logique de *sense-data*. Une table, par exemple, n'est rien d'autre qu'un faisceau de *sense-data* dont certains seulement sont perçus lorsque je vois la table. (Les autres *peuvent* être perçus, par exemple si je change mon point de vue sur la table). Non seulement le monde de la perception, mais la réalité toute entière, dépendent de mon expérience. Cette définition ontologique de la réalité en termes de *sense-data* est l'un des traits principaux qui caractérisent la théorie phénoméniste.

Le phénoménisme se heurte à plusieurs difficultés. L'une d'entre elles concerne l'explication du fait que nous évaluons certaines de nos expériences comme étant « véridiques » ou plus généralement « correctes », et d'autres comme étant « illusoires » ou plus généralement « incorrectes ». Cette évaluation est courante, quoique souvent implicite. Par exemple, nous disons « J'ai eu l'impression (visuelle) qu'il y avait une araignée sur le mur, mais en fait, c'était une tache noire », ou « Mes yeux ne me trompent pas : c'est bien Pierre ». Par ailleurs, la présentation même de l'argument de l'illusion suppose la possibilité d'identifier quelque expérience comme « illusoire », c'est-à-dire comme ne correspond pas à la réalité physique. (C'est en ces termes que la notion d'illusion a été introduite). Or il n'est pas évident que le phénoméniste puisse maintenir la distinction entre une expérience véridique et une expérience illusoire, et plus généralement celle entre la réalité et l'apparence. Par définition, l'être et l'apparaître des *sense-data* coïncident.

Une réponse possible à cette difficulté consiste à considérer non pas une expérience isolée à un moment donné, mais un *parcours* d'expériences successives. Une expérience véridique peut alors être définie comme une expérience qui s'insère de manière cohérente dans une série dynamique d'expériences. Par suite, une expérience illusoire est une anomalie dans un parcours autrement cohérent : elle cadre mal avec la série des expériences qui la précèdent, et avec celle des expériences qui la suivent. Je suis victime d'une illusion – j'ai l'impression visuelle qu'il y a une énorme araignée sur le mur. Mais lorsque je m'approche, je ne vois plus qu'un mur blanc taché de noir à l'endroit où je croyais voir l'araignée. Mon expérience visuelle de l'araignée était une illusion car elle ne concordait pas avec l'ensemble cohérent de mes autres expériences visuelles et tactiles.

Dans un contexte différent, Husserl parle de l'unité d'une expérience « concordante », c'est-à-dire un parcours d'expériences continu et cohérent. Une illusion est alors considérée comme une « rupture » ou une « discordance » par rapport à ce système. Husserl semble affirmer qu'une distinction de ce genre, entre une expérience véridique et une illusion, peut être tracée même pour un sujet solipsiste, c'est-à-dire indépendamment de la question de savoir si l'expérience renvoie ou non à un objet autonome [1].

Une autre difficulté inhérente au phénoménisme concerne la permanence des objets physiques. Notre expérience porte sur un monde d'entités localisées dans l'espace ; une expérience dénuée de toute signification spatiale paraît inconcevable. Kant est le premier à avoir compris clairement que la spatialité de notre expérience est liée à son objectivité. Si je peux concevoir l'objet de mon expérience comme étant *en dehors de moi*, je peux le concevoir comme poursuivant son existence *ailleurs* lorsque je ne le perçois pas. Ce sont également des considérations spatiales qui me permettent de *réidentifier* un objet particulier dont je croise à nouveau le chemin.

Le phénoméniste peut-il donner un sens à l'existence non actuellement perçue d'un objet réel ? Une réponse positive fait

---

1. Voir E. Husserl, *Idées II*, trad. fr. É. Escoubas, Paris, PUF, 1982, § 18. Husserl mentionne aussi la possibilité de conflits entre groupes d'apparences qui peuvent rester complètement irrésolus pour le sujet solipsiste. On aurait là, peut-être, des « expériences » ni véridiques ni illusoires.

appel à la notion de possibilité non réalisée. Par exemple, J. S. Mill définissait un objet physique comme une « possibilité permanente de sensations »[1]. En général, une possibilité non réalisée peut être décrite au moyen d'un énoncé *contrefactuel*. Par exemple, la possibilité pour ce morceau de sucre de se dissoudre dans l'eau peut être décrite au moyen de l'énoncé contrefactuel « Si ce morceau de sucre était plongé dans l'eau, il se dissoudrait »[2]. Ainsi, le tableau derrière moi, que je ne perçois pas actuellement, peut être défini en termes contrefactuels : l'énoncé « Le tableau est derrière moi » revêt alors à peu près le même sens que « Si j'avais tel ensemble de *sense-data* proprioceptifs (à savoir ceux que j'aurais si je pivotais de 180 degrés), j'aurais tel autre ensemble de *sense-data* visuels (à savoir ceux que j'aurais si je regardais le tableau en face) ».

Beaucoup de philosophes considèrent aujourd'hui que cette réponse inverse l'ordre de dépendance entre le réel et le possible. Nous avons le sentiment qu'un énoncé contrefactuel est toujours vrai en vertu de la vérité de quelque énoncé factuel. Par exemple, l'énoncé contrefactuel « Si ce morceau de sucre était plongé dans l'eau, il se dissoudrait » est conçu comme étant vrai en vertu de la vérité d'un énoncé décrivant la structure moléculaire du morceau de sucre. De même, l'énoncé « Si j'avais tel ensemble de *sense-data* proprioceptifs, j'aurais tel autre ensemble de *sense-data* visuels » est conçu comme étant vrai en vertu de la vérité de quelque énoncé factuel, comme « Il y a un tableau derrière moi ». Le phénoméniste est commis, soit à la thèse selon laquelle les possibilités non réalisées ne reposent pas sur des faits, soit à la thèse selon laquelle elles reposent sur des faits dont la nature, différente de celle des faits physiques ordinaires, nous est inconnaissable.

---

1. J. S. Mill, *Système de logique : déductive et inductive*, trad. fr. L. Peisse, Bruxelles, Mardaga, 1995.

2. On appelle un énoncé de ce genre « contrefactuel » (ou « contrafactuel ») parce que son antécédent est faux, ou contraire aux faits. En l'occurrence, le morceau de sucre n'est pas plongé dans l'eau.

LE RÉALISME INDIRECT

Certains philosophes ont revendiqué, contre le phénoménisme, la possibilité de combiner d'une part la conclusion de l'argument de l'illusion, selon laquelle toutes nos expériences portent sur des *sense-data*, et d'autre part le postulat d'un monde physique relativement indépendant de nos expériences. C'est à ce monde que notre pensée et notre langage font couramment référence. Il existe dans une large mesure indépendamment de nous, et doit être distingué du monde des *sense-data* auquel seule la perception nous donne accès [1].

La réalité se résume-t-elle à des sense-data *?*	
oui – Phénoménisme	non VOUS ÊTES ICI : – Réalisme indirect

Certains philosophes sceptiques grecs pensaient que nous ne pouvons pas *connaître* la réalité dans laquelle, pourtant, nous vivons et agissons. En d'autres termes, ils ne remettaient pas en question l'existence d'une telle réalité, mais seulement notre faculté à la connaître. Une position intermédiaire consiste à restreindre l'opinion de ces philosophes à la connaissance *perceptive*. La perception ne nous donne pas accès au monde physique, mais à un autre monde, peuplé de *sense-data*. Suivant cette position intermédiaire, nous pouvons connaître la réalité physique, ou du moins en avoir une idée plus ou moins précise, même si nous ne pouvons pas la percevoir.

Quelle est alors la relation entre le monde physique et celui des *sense-data* ? Si nous voulons justifier notre prétention à *connaître* le monde physique, cette relation doit être suffisamment solide pour nous permettre de fonder sur la perception,

---

1. L'origine classique du réalisme indirect est J. Locke, *Essai philosophique concernant l'entendement humain*, trad. fr. J.-M. Vienne, Paris, Vrin, 2001.

au moins partiellement, notre connaissance du monde physique. (Après tout, un grand nombre de nos connaissances dépend d'une manière ou d'une autre de la perception). Dans les *Problèmes de la philosophie*, Bertrand Russell proposait de considérer ma connaissance de la table physique qui se trouve en face de moi comme une connaissance *descriptive*[1]. Je connais la table comme « l'objet physique (quel qu'il soit) qui cause les *sense-data* visuels dont j'ai actuellement l'expérience ». Selon Russell, le parcours de nos expériences nous renseigne sur la *structure* du monde physique parce que nos expériences sont systématiquement reliées au monde selon des lois causales spécifiques. Le réalisme indirect prétend ainsi rendre compte de la différence entre une expérience véridique et une illusion. Toute expérience a un objet réel, mais seule l'expérience véridique est causée *de manière appropriée* par un élément du monde physique. (Il reste bien entendu à définir la condition exprimée par la formule « de manière appropriée »).

Le programme du réalisme indirect, qui consiste à dériver une connaissance du monde physique sur la base de la connaissance des *sense-data*, a été largement abandonné. Les raisons de cet abandon relèvent de la théorie des concepts et de l'épistémologie. Tout d'abord, il n'est pas évident qu'une créature confrontée seulement à des *sense-data* soit capable d'acquérir des concepts d'objets physiques. La référence à des objets physiques avec lesquels nous interagissons causalement est présentée comme la meilleure explication du parcours de nos expériences, mais cette explication semble être accessible au mieux à une créature qui dispose déjà d'une conception du monde physique.

Par ailleurs, la relation épistémique entre notre connaissance supposée des *sense-data* et nos croyances relatives à un monde physique imperceptible n'est pas déductive. L'existence du monde physique ne *suit* pas logiquement de l'existence des *sense-data*. Pour autant que l'on sache, le monde physique peut ne pas exister. Les défenseurs du réalisme indirect considèrent

---

1. B. Russell, *op. cit.*

typiquement que la relation entre la connaissance des *sense-data* et les croyances sur le monde physique est non déductive, ou *inductive*. Les détracteurs du réalisme indirect ont fait valoir que la relation inductive ici est trop faible. La connaissance des *sense-data* constitue une base inductive insuffisante pour conclure à l'existence, même probable, d'un monde physique « derrière le voile des apparences ».

Un autre problème concerne la thèse plausible selon laquelle l'induction n'est pas une source *première* de connaissance. Autrement dit, l'induction est source de connaissance seulement si le sujet est capable de donner un sens à une autre manière possible, *non* inductive, de parvenir à la même conclusion. Par exemple, je sais par induction que tous les corbeaux sont noirs, sur la base d'un nombre limité d'observations de corbeaux noirs, seulement si je peux envisager une autre méthode de confirmation, par exemple examiner *tous* les corbeaux un à un. Même si cette méthode m'est inaccessible en pratique, je la comprends en principe, ce qui semble essentiel pour rendre intelligible le lien inductif entre mes observations limitées et ma croyance que tous les corbeaux sont noirs. Cette condition n'est pas remplie par le réalisme indirect. Le monde physique que l'on prétend connaître par induction ne peut tout simplement pas être connu autrement ; mais alors, on objectera qu'il ne peut pas être connu du tout.

Les deux théories que nous venons d'examiner, à savoir le phénoménisme et le réalisme indirect, acceptent la conclusion de l'argument de l'illusion. Les théories que nous allons considérer à présent, à savoir la théorie adverbiale, la théorie bipolaire et la théorie disjonctive, la rejettent.

Faut-il accepter la conclusion de l'argument de l'illusion ?	
oui – Phénoménisme – Réalisme indirect	non VOUS ÊTES ICI : – Théorie adverbiale – Théorie bipolaire – Théorie disjonctive

LA THÉORIE ADVERBIALE

Les défenseurs de la *théorie adverbiale* considèrent que l'argument de l'illusion est déficient déjà en ce qui concerne sa première partie, censée démontrer que l'objet d'une illusion est un ensemble de *sense-data*[1]. La notion d'objet de l'expérience, ou objet intentionnel, a été introduite par référence aux comptes-rendus ordinaires de perception : l'objet d'une expérience est décrit par le complément d'un tel compte-rendu. Or selon la théorie adverbiale, cet aspect du langage de la perception est trompeur : on peut caractériser entièrement l'expérience illusoire sans jamais supposer qu'elle a un objet. Lorsque je dis « Pierre a l'impression visuelle qu'il y a une araignée sur le mur », je n'affirme pas l'existence d'une *relation* entre l'expérience visuelle de Pierre et des *sense-data* ; je fais seulement allusion à certaines *propriétés* de son expérience. Je caractérise l'expérience de Pierre *d'une certaine façon*. J'affirme qu'elle appartient à une classe déterminée d'expériences sans souscrire à la thèse selon laquelle elle porte sur des *sense-data*.

Lorsque je parle d'un chat noir, il n'est pas évident que je sois obligé d'admettre l'existence d'une relation substantielle entre le chat dont je parle et la couleur noire. Ce que je veux dire est apparemment plus simple : j'affirme que le chat appartient à une certaine classe, celle des chats noirs. Je caractérise le chat d'une certaine façon. De même, lorsque je dis que je danse une valse, je ne veux pas dire qu'il existe une relation substantielle entre ma danse et une valse ; je caractérise ma danse d'une certaine façon. J'affirme son appartenance à une certaine classe, celle des danses de valse. Selon les grammairiens, l'expression « une valse » dans « danser une valse » est un *accusatif interne* de

---

1. La théorie adverbiale est de facture relativement récente. On peut consulter par exemple W. Sellars, *Science and Metaphysics*, Londres, Ridgeview, 1968. Cette théorie est sévèrement critiquée par F. Jackson, « The Existence of Mental Objects », dans J. Dancy (ed.), *Perceptual Knowledge*, *Oxford Readings in Philosophy*, Oxford, Oxford University Press, 1988.

« danser » ; cet accusatif a pour fonction de préciser de quelle danse il s'agit. De même, selon la théorie adverbiale, le complément « que le mur est taché de noir » dans « Pierre a l'impression visuelle que le mur est taché de noir » est une sorte d'accusatif interne du verbe « avoir l'impression visuelle », dont la seule fonction est de préciser de quelle expérience il s'agit.

On parle d'une théorie « adverbiale » parce que les « accusatifs internes » des verbes de perception sont comparés à des adverbes qui les modifient. Les adverbes sont au verbe ce que les adjectifs (comme « noir ») sont aux noms (comme « chat »). Dans « Pierre court vite », l'adverbe « vite » ne fait que caractériser la course, et n'introduit pas un nouvel objet, distinct de celle-ci. De même, le complément « que le mur est taché de noir » dans « Pierre a l'impression visuelle que le mur est taché de noir » modifie le verbe « avoir l'impression visuelle » sans introduire un nouvel objet distinct de l'expérience visuelle de Pierre.

La théorie adverbiale « élimine » l'objet de l'illusion et rejette par conséquent le principe phénoménal. Ainsi, la transition de la prémisse 3 à la prémisse 4 de l'argument de l'illusion n'est plus valide. Le fait qu'une expérience véridique et une expérience illusoire se ressemblent en tous points n'implique pas qu'elles partagent le même type d'objet. Leur ressemblance concerne leurs propriétés monadiques (c'est-à-dire non relationnelles) et non pas leur objet supposé.

En fait, la théorie adverbiale semble abolir la notion même d'objet intentionnel, et par suite la distinction entre les expériences véridiques et les autres. En effet, l'élimination adverbiale des objets de l'illusion s'applique également aux objets de l'expérience véridique. Aucune expérience n'a d'objet à proprement parler. Pour rendre compte de la distinction entre les expériences véridiques et les autres, les partisans de la théorie adverbiale font typiquement appel à une théorie causale de la perception. Selon cette théorie, une expérience est véridique si elle est *causée* de manière appropriée par un élément plus ou moins complexe de la réalité physique. Mon expérience visuelle selon laquelle la table est brune est véridique parce que la table et sa couleur en sont causalement responsables. Si, à mon insu, un psychologue malicieux m'avait administré une drogue hallucinogène, j'aurais pu avoir la même expérience en l'absence d'une table brune. Mon expérience aurait alors été illusoire – elle n'aurait pas été causée de manière appropriée par la réalité physique.

Comme nous l'avons vu, le réalisme indirect fait également appel à une théorie causale pour rendre compte de l'expérience véridique : si mon expérience est causée de manière appropriée par un élément du monde physique, la connaissance de cet élément, fondée sur l'expérience, devient possible. L'explication que donne la théorie adverbiale de l'expérience véridique est donc proche de celle fournie par le réalisme indirect. Mais il y a une différence cruciale : la théorie adverbiale, contrairement au réalisme indirect, rejette la notion suspecte de *sense-data*.

Un problème plus sérieux menace la théorie adverbiale, à savoir *l'objection des propriétés multiples*[1]. Supposons que je voie, sur une feuille de papier, un carré rouge dessiné à côté d'un triangle vert. Selon la théorie adverbiale, les expressions « carré », « rouge », « triangle », « vert » expriment des propriétés monadiques (des attributs ou modes) de l'expérience, et non pas des propriétés relationnelles impliquant des *sense-data* ou des objets physiques distincts de l'expérience. Autrement dit, un compte-rendu ordinaire de perception de type 1) peut être analysé comme une description adverbiale de type 2) :

1) Pierre a l'impression visuelle d'un carré rouge et d'un triangle vert.
2) Pierre (semble) voir carrément, rougement, triangulairement, et vertement.

À l'évidence, 2) n'est pas un compte-rendu du langage ordinaire, mais il illustre la thèse selon laquelle les expressions qui décrivent apparemment l'objet de l'expérience sont en réalité

1. Voir F. Jackson, art. cit., et *Perception*, Cambridge, Cambridge University Press, 1977.

des adverbes qui modifient le verbe « voir ». L'objection des propriétés multiples est alors la suivante. La description 2), avec ses néologismes adverbiaux, caractérise également une expérience qui peut être rapportée de la manière suivante :

3) Pierre a l'impression visuelle d'un carré vert et d'un triangle rouge.

Les expériences rapportées en 1) et en 3) ne sont manifestement pas les mêmes : la vision d'un carré rouge et d'un triangle vert est différente de la vision d'un carré vert et d'un triangle rouge. Mais l'interprétation adverbiale 2) s'applique indifféremment aux deux expériences ; elle ne peut donc pas rendre compte de la différence manifeste entre les expériences décrites en 1) et 3).

La réponse la plus satisfaisante dont dispose le théoricien adverbial consiste sans doute à admettre que l'expérience elle-même est structurée en perceptions « plus petites ». Par exemple, si j'ai l'expérience d'un carré vert et d'un triangle rouge, j'ai deux sous-expériences, à savoir celle d'un carré vert et celle d'un triangle rouge. Ces sous-expériences se combinent pour former une expérience complexe mais unifiée. L'objection des propriétés multiples semble alors être levée. Les expériences décrites en 1) et 3) sont différentes car la première, contrairement à la seconde, inclut la sous-expérience d'un carré rouge.

Cette réponse fait toutefois apparaître d'autres défauts majeurs de l'approche adverbiale. Premièrement, la *relation* entre les sous-expériences n'est pas claire. Lorsque j'ai l'expérience décrite en 1), ma sous-expérience d'un carré rouge n'est pas seulement juxtaposée à celle d'un triangle vert : il doit y avoir un rapport particulier entre elles qui explique pourquoi il me semble voir le carré rouge *à gauche* du triangle vert (par exemple). Il n'est pas évident que l'on puisse résoudre cette difficulté autrement qu'en postulant un monde d'entités mentales – un réseau de sous-expériences ayant entre elles des relations déterminées – dont la complexité reflète celle de la scène réellement perçue par le sujet. Il est difficile de se convaincre que ce monde est très différent du monde des *sense-data* invoqué dans la conclusion de l'argument de l'illusion.

En second lieu, la théorie adverbiale suppose que lorsque le sujet est confronté dans l'expérience à une scène structurée, son *expérience* est structurée de la même manière. Chaque élément que le sujet peut distinguer dans la scène correspond à un élément différentiable sur le plan de l'expérience. Cette supposition est problématique, ne serait-ce que parce qu'elle semble contredire la phénoménologie ordinaire de l'expérience. Comme le dirait Sartre, ma conscience perceptive est *vide*. Je vois le paysage devant moi comme étant articulé de manière complexe, alors que mon expérience du paysage me paraît au contraire dénuée de toute structure.

LA THÉORIE BIPOLAIRE

Une autre façon de rejeter l'argument de l'illusion consiste à faire valoir qu'il repose sur un modèle trop simple de la perception. Suivant ce modèle, la perception fait intervenir surtout deux éléments : l'expérience et son objet intentionnel. Or le modèle adéquat de la perception n'est pas un modèle binaire, mais un modèle *ternaire* : outre l'expérience et l'objet, il faut tenir compte du *contenu* de l'expérience[1]. À propos de ce débat, Russell écrit :

> Beaucoup de psychologues analytiques – par exemple Meinong – distinguent trois éléments dans une présentation, à savoir l'acte (ou le sujet), le contenu et l'objet. Des réalistes comme le Dr. Moore et moi-même ont eu coutume de rejeter le contenu, en retenant l'acte et l'objet. Les réalistes américains, en revanche, ont rejeté à la fois l'acte et le contenu, et n'ont gardé que l'objet,

---

1. Pour deux versions assez différentes de la théorie bipolaire : d'une part E. Husserl, *Recherches Logiques*, trad. fr. Elie, Kelkel, Scherer, Paris, PUF, 1959, 1961, 1972, surtout la Vᵉ Recherche, d'autre part J. Searle, *L'intentionalité*, trad. fr. C. Pichevin, Paris, Minuit, 1985, surtout le chap. 2 sur la perception.

alors que les idéalistes, de fait sinon explicitement, ont rejeté l'objet et ont gardé le contenu [1].

La notion de « présentation » utilisée ici par Russell concerne tous les états mentaux qui visent un objet; dans le cas qui nous intéresse, ce qu'il appelle « l'acte » est une expérience perceptive. Quant au contenu perceptif, il ne se confond ni avec l'expérience perceptive ni avec son objet (quel que soit le statut ontologique de ce dernier). Quels sont les arguments qui militent en faveur de l'introduction de ce troisième terme? En particulier, en quoi le rejet de la conclusion de l'argument de l'illusion nous impose-t-il l'introduction de la notion de contenu perceptif?

La critique de l'argument de l'illusion repose-t-elle sur la notion de contenu perceptif ?	
oui VOUS ÊTES ICI : – Théorie bipolaire	non – Théorie adverbiale – Théorie disjonctive

La notion de contenu perceptif est souvent introduite, implicitement ou explicitement, sur la base d'une analogie entre l'expérience perceptive et ce qu'il est convenu d'appeler (à la suite de Russell) des « attitudes propositionnelles ». Les attitudes propositionnelles sont des états mentaux, comme la croyance, le désir ou l'intention, dont la description canonique implique une proposition enchâssée vraie ou fausse. Par exemple, Pierre croit qu'il pleut et désire qu'il fasse beau car il a l'intention de faire une promenade. Les propositions « Il pleut », « Il fait beau » et « Je fais une promenade » spécifient respectivement la croyance, le désir et l'intention de Pierre, et plus précisément leur *contenu propositionnel*. Le point important est que la vérité de ces propositions joue un rôle dans la détermination des *conditions de satisfaction*

1. « On propositions : what they are and how they mean », dans *Logic and Knowledge*, Londres, Allen & Unwin, 1956, p. 305. Notons que la citation de Russell ne concerne pas exclusivement la perception : les « présentations » dont il parle peuvent aussi être des présentations conceptuelles.

de ces états mentaux. La croyance de Pierre est correcte seulement si la proposition « Il pleut » est vraie, son désir est assouvi seulement si la proposition « Il fait beau » est vraie, et son intention est satisfaite seulement si la proposition « Je fais une promenade » est vraie (du point de vue de Pierre). Le contenu d'une attitude propositionnelle contribue en quelque sorte à déterminer la « cible » de l'attitude. Lorsque la cible est atteinte, l'attitude est satisfaite. Dans le cas de la croyance, du désir et de l'intention, la cible est atteinte *seulement si* le contenu propositionnel est vrai. De plus, même si la fausseté du contenu fait manquer la cible de l'attitude, le contenu nous renseigne sur l'état de choses qui devrait être réalisé pour que la cible soit atteinte. Supposons qu'il fasse beau et donc que la croyance de Pierre soit incorrecte. Le contenu propositionnel de son attitude, à savoir « Il pleut », est faux. Il nous renseigne pourtant sur les *conditions* dans lesquelles la croyance de Pierre serait correcte : un monde possible dans lequel elle est correcte est un monde dans lequel il pleut.

Il est tentant d'appliquer ce modèle à l'expérience perceptive. Lorsque Pierre a l'impression visuelle qu'il pleut, son expérience a un contenu propositionnel : « Il pleut ». Il ne s'ensuit pas que l'expérience soit un acte de langage, ou qu'elle implique l'occurrence d'une phrase mentale. La thèse selon laquelle l'expérience a un contenu propositionnel veut simplement dire qu'il existe une proposition qui spécifie les conditions de satisfaction de l'expérience, et plus précisément les conditions (au moins partielles) dans lesquelles elle est véridique. La cible de l'expérience est atteinte seulement si le contenu propositionnel est vrai. En l'occurrence, l'expérience de Pierre est véridique seulement s'il pleut. Supposons que l'expérience de Pierre soit illusoire : il a l'impression visuelle qu'il pleut, mais en réalité il fait beau. Le contenu propositionnel de son expérience est donc faux. Il nous renseigne pourtant sur les *conditions* dans lesquelles l'expérience de Pierre serait véridique : un monde possible dans lequel elle est véridique est un monde dans lequel il pleut.

L'introduction de la notion de contenu perceptif propositionnel est l'élément central de la *théorie bipolaire de l'expé-*

rience. Selon cette théorie, de même qu'une proposition (empirique) a deux « pôles », au sens où elle peut être vraie mais peut aussi ne pas l'être, une expérience particulière peut être véridique, mais elle peut aussi être illusoire[1]. La théorie bipolaire accepte l'analyse conjonctive de la perception : l'expérience est véridique seulement si le monde « fait une faveur » au sujet, en garantissant au minimum la vérité de son contenu propositionnel. Une expérience n'est véridique que de manière contingente. Elle est définie par son contenu propositionnel, qui en spécifie la cible indépendamment de la question de savoir si celle-ci est atteinte ou non.

Voici comment le défenseur d'une théorie bipolaire dispose de l'argument de l'illusion. Cet argument véhicule une confusion entre le contenu et l'objet d'une expérience perceptive. La prémisse 3 est retenue : une expérience véridique et une illusion peuvent se ressembler en tous points. Plus précisément, elles peuvent partager leur contenu propositionnel. Comme dans la théorie adverbiale, c'est la transition de la prémisse 3 à la prémisse 4, selon laquelle l'expérience véridique a le même type d'objet que son corrélat illusoire, qui est incriminée. Au sens strict, seule l'expérience véridique a un objet dans le monde physique. Une illusion n'a pas d'objet, ou du moins elle n'a pas l'objet qu'elle aurait si elle était véridique. À nouveau, selon la théorie bipolaire, l'expérience n'est pas définie par son objet, qu'elle peut ne pas avoir, mais par son contenu.

On peut objecter à la théorie bipolaire qu'elle n'est pas entièrement fidèle à la phénoménologie de l'illusion. Supposons que je sois victime d'une hallucination qui me fasse apparaître une tache rouge sur un mur devant moi. Mon expérience visuelle semble porter sur une tache *particulière*, et pas seulement sur une

---

1. La métaphore des « pôles » de la proposition vient du jeune Wittgenstein : « Toute proposition est essentiellement vraie-fausse. Une proposition a donc deux pôles (correspondant au cas de sa vérité et au cas de sa fausseté). C'est ce que nous appelons le *sens* d'une proposition », *Carnets 1914-1916*, trad. fr. G. G. Granger, Paris, Gallimard, 1971, p. 171.

tache en général. De plus, il est possible que je ne reconnaisse pas cette tache comme étant numériquement identique à une tache physique que j'aurais perçue auparavant. Selon la théorie bipolaire, mon expérience a un contenu censé nous renseigner sur ce qui *compterait* comme une expérience véridique. Elle n'a pas d'objet, mais comme le dit Searle, « je sais ce qui doit être le cas pour que l'expérience ne soit pas une hallucination »[1]. Mais suis-je vraiment conscient de ce qui devrait être le cas dans le monde physique pour que mon expérience soit véridique ? Je sais ce qui devrait être le cas pour que j'aie une expérience véridique *indiscernable* de l'expérience illusoire que j'ai actuellement : il faudrait au moins qu'il y ait une tache rouge réelle, de telle forme et à tel endroit devant mes yeux. Mais j'ignore ce qui devrait être le cas pour que *cette* expérience, à savoir l'expérience que j'ai actuellement, soit véridique. Je l'ignore parce que je suis incapable de désigner une tache réelle dans le monde qui devrait au moins se trouver sous mes yeux pour que mon expérience soit véridique ; la question n'a tout simplement pas de sens. Rien ne *compte* comme étant numériquement identique à la tache que j'ai l'impression d'avoir sous les yeux. La notion de contenu perceptif n'explique pas pourquoi mon hallucination semble me présenter une entité particulière, un individu.

LES MODES DE PRÉSENTATION PERCEPTIFS

La notion de contenu propositionnel dont il vient d'être question ne doit pas être confondue avec une autre notion de contenu perceptif. Considérons la configuration suivante, tirée de l'*Analyse des sensations* de Ernst Mach[2] :

---

1. J. Searle, *op. cit.*, p. 59. Je développe cet argument dans « Le cercle bipolaire. Intentionnalité et contenu perceptif », dans P. Livet (dir.), *op. cit.*
2. E. Mach, *L'analyse des sensations*, trad. fr. J.-M. Monnoyer, Nîmes, Chambon, 1996, p. 97.

Cette configuration présente la même figure géométrique, à savoir un carré, dans deux orientations différentes. Toutefois, la plupart des gens ne voient pas deux carrés comme tels. Ils voient à gauche un carré et à droite un losange. La même figure leur est présentée sous deux aspects différents, et contrairement à ce que Mach pensait, la différence pertinente n'est pas due à l'orientation relative des deux figures. La différence concerne l'attention : je vois un carré lorsque mon attention se porte sur la symétrie des côtés de la figure, et je vois un losange lorsque mon attention se porte sur la symétrie des angles de la figure. Selon cet argument, outre l'expérience et son objet, il convient de prendre en considération la *manière* dont l'objet se présente au sujet percevant.

La notion de contenu comme manière ou mode de présentation peut être introduite par le biais d'une autre analogie entre la perception et les attitudes propositionnelles. Selon Frege, le contenu d'une attitude propositionnelle est identique au *sens* d'une proposition[1]. Par exemple, le contenu de la croyance que Phosphorus est visible au matin est identique au sens de la proposition « Phosphorus est visible au matin ». De plus, le sens de cette proposition est composé du sens de ses constituants, en particulier du sens du nom propre « Phosphorus ». Or Frege considère que le sens d'une expression contient un mode de présentation ou de donation de son référent. Par exemple, le sens de « Phosphorus » contient un mode de présentation de la planète Vénus. En général, le même objet peut être présenté de différentes manières. Ainsi, le sens du nom propre « Hespérus » contient un autre mode de présentation de Vénus.

---

1. G. Frege, « Sens et dénotation », dans *Écrits logiques et philosophiques*, trad. fr. C. Imbert, Paris, Seuil, 1971.

Par analogie, on peut considérer que l'objet d'une expérience perceptive est toujours présenté d'une certaine manière, qui constitue le contenu de l'expérience. Dans l'exemple de Mach, la même figure est présentée sous deux modes différents, c'est-à-dire comme un carré et comme un losange. De même qu'il y a des modes de présentation conceptuels (des sens frégéens), il y a des modes de présentation perceptifs.

Quelle est la force de cette analogie ? Husserl introduit la notion de *noème* comme une généralisation de la notion de sens frégéen, initialement réservée aux actes linguistiques, à l'ensemble des états mentaux intentionnels[1]. Michael Dummett a argué contre Husserl que « l'explication de Frege [de la notion de sens] n'admet aucune généralisation du concept de sens »[2]. Le sens est toujours le sens d'une expression linguistique ; en tant que tel, il ne peut pas constituer le contenu d'une expérience perceptive.

D'autres raisons, plus convaincantes, nous invitent à ne pas assimiler le contenu perceptif au sens frégéen. Le sens frégéen est défini par des *possibilités épistémiques*. Deux phrases ont un sens différent s'il est possible d'adopter à leur égard des attitudes épistémiques différentes, par exemple tenir une phrase pour vraie et l'autre pour fausse, ou simplement douter qu'elles aient la même valeur de vérité. Un sujet qui ignore que « Phosphorus » et « Hespérus » désignent la même planète peut donner son assentiment à la phrase « Phosphorus se lève au matin » tout en rejetant la phrase « Hespérus se lève au matin ». Or les modes de présentation perceptifs ne semblent pas toujours définissables en termes de possibilités épistémiques. Supposons qu'en observant un immeuble, je porte mon attention sur deux balcons assez éloignés l'un de l'autre. On peut admettre que la *taille* des balcons m'est présentée de la même façon dans l'expérience : par

1. E. Husserl, *Idées directrices pour une phénoménologie*, trad. fr. É. Escoubas, Paris, Gallimard, 1971, p. 328.
2. M. Dummett, *Les origines de la philosophie analytique*, trad. fr. M.-A. Lescourret, Paris, Gallimard, 1991, p. 107.

exemple, je n'ai pas l'impression de voir un balcon plus grand
que l'autre. Il ne s'ensuit pas que la taille des balcons me soit
présentée de la même façon *sur le plan du sens*. Il m'est permis
de me poser la question de savoir si le balcon de gauche est plus
grand que celui de droite, ce qui implique, selon les critères
frégéens, que le mode de présentation conceptuel de la taille du
premier balcon est différent du mode de présentation conceptuel
de la taille du second balcon [1].

Frege considère que le référent n'est jamais donné «en pleine
lumière» [*allseitig*], mais seulement sous quelque aspect [*ein-
seitig*]. Transposée à la perception, cette thèse implique que
nous percevons toujours un objet sous un aspect ou, comme le
dirait Husserl, un «profil». Mais à nouveau, la notion frégéenne
d'aspect est définie comme un mode de présentation épistémique.
Le référent nous serait donné en pleine lumière si tous les énoncés
d'identité le concernant étaient connus comme vrais ou faux.
L'analogie avec les aspects perceptifs est loin d'être évidente. Par
exemple, les objets cesseraient-ils d'être présentés sous un aspect
si nous étions toujours capables de les reconnaître?

Dans la théorie de Frege, la référence à un objet n'implique
pas la référence au sens par lequel nous accédons à l'objet [2]. Si
c'était le cas, la distinction entre sens et référent serait tout simplement abolie. Si les aspects perceptifs étaient conçus sur le
modèle des modes de présentation conceptuels, il faudrait dire
qu'ils ne sont pas eux-mêmes des objets de perception. Il ne
semble pas que cette condition soit toujours remplie. Lorsque je
vois la figure comme un carré, puis comme un losange, je vois
différents éléments *saillants* de la scène, à savoir différents axes
de symétrie. La «manière» de voir les figures semble faire partie
de la scène au même titre que les figures. L'exemple de Mach ne

---

1. Je reprends ici un argument de C. Peacocke, «Analogue Content»,
Proceedings of the Aristotelian Society, 1986, vol. suppl. LX, p. 1-17.

2. Cela n'empêche pas le sens, selon Frege, d'être l'objet d'*autres* actes de
référence possibles. Dans les contextes «opaques», Frege prétend que les mots
font référence à leur sens ordinaire. Mais alors, bien sûr, ils cessent de faire référence à leur référent ordinaire.

semble pas requérir une distinction entre l'objet perçu et le contenu perceptif si cette distinction repose sur une analogie avec les contenus conceptuels.

LA THÉORIE DISJONCTIVE

Aucune des théories qui viennent d'être examinées ne prend au sérieux la factivité des verbes ordinaires de perception. Certes, au sens littéral du verbe « voir », Pierre voit qu'il pleut seulement s'il pleut. Mais les comptes-rendus ordinaires de perception décrivent simultanément et de manière indifférenciée deux facettes relativement autonomes de la situation de Pierre. D'un côté, les conditions internes incluent l'expérience visuelle de Pierre, relativement indépendante du temps qu'il fait. De l'autre côté, les conditions externes incluent les faits, dont le fait qu'il pleut, qui rendent l'expérience de Pierre (accidentellement) véridique. En d'autres termes, toutes les théories examinées jusqu'ici acceptent ce que j'ai appelé « l'analyse conjonctive de la perception ».

Faut-il prendre au sérieux la factivité des verbes de perception ?	
oui VOUS ÊTES ICI : – Théorie disjonctive	non

La *théorie disjonctive de l'expérience* tente au contraire de rendre justice à la factivité des verbes de perception, en rejetant l'analyse conjonctive et l'internalisme de la perception qui lui est associé[1]. Rappelons que l'analyse conjonctive considère que les verbes d'*expérience* comme « avoir l'impression visuelle que *p* »

---

1. L'origine contemporaine de la théorie disjonctive est J. Hinton, *Experiences*, Oxford, Clarendon Press, 1973. J. McDowell défend une forme de la théorie disjonctive dans « Criteria, Defeasibility and Knowledge », chap. 17 de *Meaning, Knowledge, and Reality*, *op. cit.*

sont premiers, dans l'ordre de l'explication psychologique, par rapport aux verbes de *perception* comme « voir que *p* ». Les premiers, contrairement aux seconds, ne sont pas factifs (on peut avoir l'impression visuelle qu'il pleut sans qu'il pleuve) et donc permettent d'isoler l'état mental du sujet du reste du monde. La théorie disjonctive renverse cet ordre d'explication. Les verbes de perception décrivent un état mental, plus précisément une expérience, qui dépend essentiellement de l'état du monde physique. La théorie disjonctive revendique une forme d'*externalisme* de la perception, ou plus exactement l'effacement de la ligne de partage entre les conditions internes et les conditions externes d'une situation perceptive.

Si les verbes de perception décrivent un état mental authentique, que décrivent les verbes d'expérience ? Selon la théorie disjonctive, les verbes d'expérience sont *neutres*, au sens où ils ne précisent pas si l'expérience décrite est véridique ou non. Par exemple, le compte-rendu d'expérience « Pierre a l'impression visuelle qu'il pleut » laisse ouverte la question de savoir si Pierre voit qu'il pleut. Si le compte-rendu est vrai, alors *ou bien* Pierre voit qu'il pleut, *ou bien* il a seulement l'impression illusoire qu'il pleut :

(AD) Pierre a l'impression perceptive que $p =_{df}$. *Ou bien* Pierre perçoit qu'il pleut, *ou bien* il a l'impression illusoire qu'il pleut.

Contrairement aux théories adverbiale et bipolaire, la théorie disjonctive rejette la thèse selon laquelle une expérience véridique et une expérience illusoire peuvent relever du même type d'état mental. Même si une expérience illusoire peut me faire croire, à tort justement, que j'ai une expérience véridique, les deux types d'expériences sont essentiellement différents. L'expérience véridique dépend essentiellement de son objet en tant qu'élément du monde physique.

L'affirmation de la ressemblance exacte entre une expérience véridique et quelque expérience illusoire est souvent fondée sur la thèse « cartésienne » de la *transparence épisté-*

mique de l'expérience. Selon cette thèse, si j'ai une expérience, je sais dans quel état mental je me trouve. Comme je peux ignorer si mon expérience est véridique ou illusoire, l'état mental dans lequel je me trouve ne dépend pas de ce fait. La théorie disjonctive rejette la thèse de la transparence épistémique. Lorsque j'ai une expérience, je suis dans l'un ou l'autre de deux états mentaux : ou bien je suis en rapport visuel avec le monde, ou bien je suis victime d'une illusion. Le simple fait que j'ai une expérience ne me permet pas de savoir de manière infaillible dans quel état mental je me trouve. Sur le plan réflexif, une expérience véridique et une illusion peuvent m'apparaître de la même façon, mais il ne s'ensuit pas que sur le plan pré-réflexif, les mêmes objets me soient donnés.

Si les objets de l'expérience véridique sont des éléments du monde physique, qu'en est-il de ceux de l'illusion ? La théorie disjonctive, telle qu'elle a été décrite, est compatible avec plusieurs conceptions de l'illusion. Selon une conception, l'illusion n'a pas d'objet, et le principe phénoménal est rejeté. Selon une autre conception, l'illusion a un objet, à savoir une simple apparence ou un ensemble de *sense-data*. Par exemple, McDowell, qui défend la théorie disjonctive de l'expérience, accepte les deux thèses suivantes, qui relèvent selon lui du sens commun [1] :

(i) Lorsque le monde m'a induit en erreur, je conclus qu'il m'a présenté une *simple apparence* plutôt qu'un *fait manifeste*.
(ii) Lorsque le monde me présente un fait manifeste, il me présente une *apparence*.

Ces deux thèses n'impliquent pas la conclusion de l'argument de l'illusion. La notion d'apparence est fondamentalement imprécise, et recouvre deux cas différents : une apparence est soit un fait manifeste, soit une simple apparence, c'est-à-dire une apparence illusoire. Selon la conclusion de l'argument de l'illusion, le monde m'a présenté dans les deux cas la même chose, à savoir une *apparence neutre*.

---

1. J. McDowell, *op. cit.*, p. 407, n. 18.

J'ai distingué plus haut entre un modèle binaire et un modèle ternaire de la perception, qui introduit la notion de contenu propositionnel en tant que facteur distinct de l'expérience et de son objet. Avec quel modèle la théorie disjonctive s'accorde-t-elle le mieux ? Certes, l'expérience a un contenu propositionnel en un sens minimal : la même proposition *p* peut caractériser l'objet de l'expérience véridique et celui de l'illusion. Pierre voit qu'il pleut, mais il peut aussi être victime de l'illusion qu'il pleut. Le sens en question est minimal car le rôle du contenu n'est pas ici de déterminer les conditions de satisfaction d'une expérience bipolaire, qui peut être véridique mais qui peut aussi être illusoire. Dans le cas véridique, le contenu propositionnel *n'est autre* que l'objet de l'expérience, à savoir un fait perceptible du monde physique. J'en conclus que la théorie disjonctive s'accorde mieux avec un modèle binaire de la perception. Le point important est que l'argument de l'illusion est contré à un niveau plus fondamental que celui où il est question d'introduire la notion de contenu perceptif.

LA PERCEPTION COMME SAVOIR

Au début de cette présentation, j'ai tracé une distinction entre deux formes principales de comptes-rendus de perception, transparente et opaque. Certains philosophes de la perception tiennent la construction opaque pour fondamentale. Un compte-rendu du type « Pierre voit que les branches de l'arbre sont secouées par le vent » est une description adéquate de l'expérience visuelle de Pierre. Dans de nombreux contextes, ce compte-rendu implique que Pierre a acquis par la perception visuelle un certain *savoir* sur le monde : si Pierre voit que *p*, il sait que *p*. La perception est donc conçue comme une *forme de savoir*, ou de *connaissance propositionnelle*, qui met en relation un sujet percevant avec un fait perçu.

La perception est-elle une forme de savoir ?	
oui VOUS ÊTES ICI	non

On objectera que certaines expériences perceptives ne sont pas factuelles, et donc qu'elles ne peuvent pas avoir valeur de savoir. Par exemple, lorsque je regarde une figure de Müller-Lyer, j'ai l'expérience visuelle de deux lignes parallèles inégales. Mon expérience est illusoire, car les deux lignes sont en réalité égales. Il s'ensuit que je ne *vois* pas que les deux lignes sont inégales, au sens factif du verbe « voir ». J'ai seulement l'impression visuelle qu'elles sont inégales. Mon expérience n'est pas un savoir, car le savoir est par définition factif. Le partisan de la perception comme savoir peut lever l'objection de la manière suivante. Toute expérience perceptive vise ou aspire au savoir. Une expérience perceptive qui n'est pas un savoir manque sa cible ; c'est un savoir incomplet, ou tronqué. Les expériences qui constituent un savoir restent fondamentales par rapport à celles, déficientes, qui visent le savoir sans l'atteindre.

Une autre objection contre la conception de la perception comme savoir concerne le lien entre l'expérience et la croyance ou le jugement[1]. Il est plausible d'affirmer que l'expérience est relativement indépendante de la croyance : je peux avoir l'expérience visuelle d'un arbre dont les branches sont secouées par le vent sans croire que les branches de l'arbre sont secouées par le vent. Par exemple, je n'ai formé aucun jugement sur l'arbre et ses branches, parce que je pensais à autre chose, et n'étais pas attentif au contenu de mon expérience. Une autre possibilité est que j'y étais attentif, mais n'ai pas formé le jugement pertinent parce que

---

1. Dans le cadre de cet exposé, je ne ferai pas de différence pertinente entre la croyance et le jugement. On peut supposer, en tout cas, que le jugement (en tant qu'acte mental) implique la croyance (en tant que disposition à former un jugement).

je croyais être victime d'une illusion. J'étais convaincu, à tort, que j'avais sous les yeux un hologramme, ou qu'un neurologue pernicieux faisait des expériences sur mon cortex visuel. Le problème est qu'il est généralement admis que le *savoir* implique la croyance. Si je sais que les branches de l'arbre sont secouées par le vent, je crois que les branches de l'arbre sont secouées par le vent. Comme je refuse de former un tel jugement dans la situation envisagée, mon expérience visuelle d'un arbre dont les branches sont secouées par le vent n'a pas valeur de savoir, bien qu'elle soit intuitivement véridique. Je ne suis pas victime d'une illusion, comme dans le cas de la figure de Müller-Lyer.

Pour répondre à cette objection, le défenseur de la conception de la perception comme savoir a le choix entre deux options. La première option consiste à nier que je puisse voir que quelque chose est le cas si je ne le crois pas (ou si mes raisons de le croire sont mauvaises). La vision factuelle implique la croyance dans la mesure où, premièrement, c'est une forme de savoir et, en second lieu, le savoir en général implique la croyance. Ainsi, je ne *vois* pas *que* les branches de l'arbre sont secouées par le vent. Certes, la lumière est bonne, l'arbre et ses branches sont visibles, mes yeux et mon système nerveux visuel sont en état de marche, mais je n'acquiers pas le savoir que les branches de l'arbre sont secouées par le vent puisque je refuse de le *croire*.

La seconde option est plus radicale ; elle consiste à relâcher le lien entre le savoir et la croyance. C'est ce que semble préconiser ici Timothy Williamson, qui défend par ailleurs la conception de la perception comme savoir :

> On prétend parfois que l'on peut percevoir [...] que A sans savoir que A, parce que l'on ne croit pas que A ou que l'on n'y croit pas de manière justifiée. [...] Toutefois, de tels cas font davantage pression sur le lien entre savoir et croire ou avoir une justification que sur le lien entre percevoir [...] et savoir. Si l'on voit réellement *qu'*il pleut, ce qui ne revient pas au même que simplement

voir la pluie, alors on sait qu'il pleut. Voir que A est une manière de savoir que A[1].

Selon cette option, je peux *voir que* les branches de l'arbre sont secouées par le vent, et donc acquérir le *savoir* que les branches de l'arbre sont secouées par le vent, même si je ne le crois pas, par exemple parce que je suis faussement convaincu d'être la victime d'une illusion.

Chacune des deux options rejette l'argument suivant, dont la conclusion va à l'encontre de la conception de la perception comme savoir :

1) Le savoir perceptif implique l'expérience perceptive.

2) L'expérience perceptive n'implique pas le savoir perceptif.

3) Donc, l'expérience perceptive est un aspect *séparable* du savoir perceptif.

La première prémisse de cet argument est vraie par définition : le savoir perceptif est un état mental qui fait intervenir une expérience perceptive. Si je sais que *p* sur la base de la perception, je perçois quelque chose, à savoir que *p*. Selon la seconde prémisse, le contenu de l'expérience perceptive n'est pas toujours un contenu de savoir. La conclusion de l'argument fait valoir, contre la conception de la perception comme savoir, que la perception est une condition nécessaire mais non suffisante du savoir perceptif.

Qu'il retienne la première ou la seconde option, le partisan de la conception de la perception comme savoir conteste la validité de l'argument en arguant que l'expérience perceptive mentionnée dans la première prémisse, à savoir celle qui est constitutive du savoir perceptif, doit être essentiellement différente de celle mentionnée dans la seconde prémisse, qui n'implique pas le savoir. L'ignorance modifie notre rapport de perception au

---

1. T. Williamson, *Knowledge and Its Limits*, Oxford, Oxford University Press, 2000, p. 37-38.

monde. La vision sans le savoir n'est plus la vision ; c'est un autre genre d'expérience visuelle [1].

Selon la première option, mon expérience visuelle de l'arbre est essentiellement différente lorsque je crois que les branches de l'arbre sont secouées par le vent et lorsque je ne le crois pas (ou lorsque je le crois pour de mauvaises raisons). Dans le premier cas mais pas dans le second, mon expérience peut constituer un état de savoir. Cette analyse de l'exemple de l'arbre n'est pas très intuitive. Mon rapport visuel à l'arbre et à l'activité de ses branches, tel qu'il détermine ma situation perceptive consciente, semble être relativement indépendant de mon *attitude* épistémique, c'est-à-dire des jugements plus ou moins justifiés que je suis amené à porter sur mon environnement. Si je finis par me convaincre que je ne suis pas réellement victime d'une illusion, le fait de prendre mon expérience au pied de la lettre et de juger correctement que les branches de l'arbre sont secouées par le vent ne semble pas altérer la nature intrinsèque de mon expérience, qui est resté constante pendant mon changement d'avis.

Il ne s'agit pas de nier que le jugement influence souvent l'expérience. Dans un premier temps, je crois entendre la pluie tomber, puis je me rappelle que j'écoute un disque et me corrige : j'entends des applaudissements enregistrés. Il y a un sens dans lequel mon jugement selon lequel la pluie n'est pas à l'origine de mon expérience auditive peut changer le contenu de mon expérience. Nous avons ici affaire à un changement d'aspect : je perçois certains sons comme de la pluie, puis comme des applaudissements. L'exemple de l'arbre est à cet égard différent. Mon changement d'avis sur la question de savoir si je suis victime d'une illusion ne semble pas produire de changement d'aspect. J'ai toujours la même impression de voir l'arbre comme un arbre, les branches comme des branches, et le vent comme du vent.

_____

1. Cette conception suppose une forme assez radicale de théorie disjonctive : lorsque Pierre a l'impression visuelle que *p*, ou bien il a véritablement la connaissance visuelle que *p*, ou bien il a une expérience visuelle essentiellement déficiente d'un point de vue épistémique.

Contrairement à la première option, ma faculté de percevoir l'arbre et l'activité de ses branches ne semble pas dépendre du fait que je forme le jugement que les branches de l'arbre sont secouées par le vent.

Le défenseur de la seconde option est à cet égard logé à meilleure enseigne. Selon lui, mon rapport visuel à l'arbre et à l'activité de ses branches est bien un cas de savoir, même si je ne crois pas que les branches de l'arbre sont secouées par le vent. L'exemple de l'arbre n'est donc pas pour lui une illustration de la seconde prémisse.

Toutefois, la thèse générale selon laquelle la perception est une forme de savoir se heurte à des difficultés qui sont indépendantes de l'option retenue. Le savoir est soumis à des exigences de rationalité auxquelles la perception est étrangère. Le savoir implique que le sujet soit en mesure d'exclure les scénarios incompatibles avec ce qu'il prétend savoir. L'épistémologie cartésienne exige du sujet qu'il exclue *tous* les scénarios de ce type. Il est généralement admis que cette exigence est trop forte. Il suffit que le sujet soit en mesure d'exclure les scénarios *pertinents* incompatibles avec ce qu'il prétend savoir. Le critère de pertinence est fixé par le contexte, et peut changer d'un contexte à l'autre [1]. Deux exemples permettront d'illustrer ce point.

Les façades de ferme [2]. Pierre pénètre dans une région où la plupart des constructions qui apparaissent comme des fermes sont en réalité de simples façades de ferme (utilisées pour tourner des films). Par hasard, Pierre porte son attention sur la seule ferme véritable de la région. Il juge, sur la base de la perception visuelle, « Voici une ferme ». Son jugement est vrai, mais ne constitue pas un savoir. Le contexte dans lequel se trouve Pierre

---

1. En français, voir P. Jacob, « Qu'est-ce qu'une opinion justifiée ? », *L'âge de la science*, Paris, Odile Jacob, 1989, et P. Engel, « Philosophie de la connaissance », dans P. Engel (dir.), *Précis de philosophie analytique, op. cit.*.

2. Cet exemple, que les épistémologues connaissent bien, est attribué à Carl Ginet.

rend pertinent le scénario, incompatible avec ce qu'il prétend savoir, selon lequel il voit une façade de ferme.

L'hallucination intermittente. Le cortex visuel de Pierre est sous le contrôle d'une machine. Dans un cas sur deux, la machine crée chez Pierre l'impression visuelle hallucinatoire qu'il y a une tasse devant lui. Dans l'autre cas, la machine n'intervient pas sur le mécanisme habituel de la vision. Pierre a l'impression visuelle qu'il y a une tasse devant lui et juge, sur la base de cette impression, « C'est une tasse ». Son jugement est vrai car la machine n'est pas intervenue. Pourtant, il ne constitue pas un savoir. Le contexte dans lequel se trouve Pierre rend pertinent le scénario, incompatible avec ce qu'il prétend savoir, selon lequel il est victime d'une hallucination.

Dans chaque exemple, le jugement de Pierre est vrai par accident. C'est par hasard qu'il est tombé sur la seule ferme véritable de la région, et c'est également par hasard que la machine n'est pas intervenue pour créer en lui une hallucination. Or nous avons l'intuition que le savoir ne peut pas reposer sur le hasard. Une condition nécessaire du savoir est que le sujet ne peut pas facilement se tromper. Cette condition n'est précisément pas remplie dans les deux exemples présentés.

Un principe épistémologique plausible est que le savoir doit être *fiable*. Un jugement vrai a valeur de savoir seulement si le même jugement formé dans un scénario similaire (où le critère de similarité est fixé par le contexte) reste vrai. Dans un environnement normal, la méthode que Pierre utilise pour former le jugement « Voici une ferme », à savoir regarder la construction en face, est fiable. Dans l'environnement de Pierre, elle ne l'est pas. D'autres méthodes sont nécessaires, comme celle qui consiste à faire le tour de la construction pour exclure la présence d'une façade. De même, dans un environnement normal, la méthode que Pierre utilise pour former le jugement « C'est une tasse », à savoir être attentif au contenu de son expérience, est fiable. Dans l'environnement de Pierre, elle ne l'est pas. Dans ce cas, il n'est pas évident qu'une autre méthode de connaissance soit possible, de sorte que Pierre devrait sans doute suspendre son jugement.

On voit donc que le savoir dépend du statut épistémique d'*autres* croyances. Pierre sait que c'est une ferme seulement s'il a des raisons de croire que ce n'est pas une façade de ferme. Pierre sait que c'est une tasse seulement s'il a des raisons de croire que la machine n'est pas intervenue. En général, le sujet rationnel doit avoir quelque raison de croire que les scénarios incompatibles avec ce qu'il prétend savoir ne sont pas réalisés.

La perception n'est pas soumise à de telles exigences de rationalité. Nous avons peu de réticences à admettre que Pierre *voit* que c'est une ferme. Ce que Pierre perçoit ne dépend pas de l'absence de façades de ferme ailleurs dans son environnement. De même, nous sommes prêts à admettre que Pierre *voit* que c'est une tasse. Ce que Pierre perçoit ne dépend de l'existence d'un mécanisme qui en l'occurrence ne joue aucun rôle dans son expérience. Contrairement au savoir, la perception est locale : ce que l'on perçoit dépend au moins partiellement de ce qui explique causalement l'expérience perceptive, et peut-être aussi des jugements spontanés que l'on est disposé à former sur la base de celle-ci. Par contraste, le savoir dépend davantage du contexte global dans lequel se trouve le sujet, et de la fiabilité de la méthode qu'il utilise pour former des jugements sur son environnement[1].

En général, l'assimilation de la perception au savoir est réductrice, et a des conséquences contre-intuitives. La perception n'est pas une *forme* de savoir. C'est une *source* de savoir dans la mesure où elle met le sujet en *position* d'acquérir un savoir sur son environnement. Toutefois, l'acquisition effective du savoir exige davantage qu'un rapport de perception, à savoir l'existence d'une méthode fiable de formation de jugements. La description de cette méthode relève moins d'une théorie de la perception que de l'épistémologie proprement dite.

1. C. McGinn, « The Concept of Knowledge », dans *Knowledge and Reality. Selected Essays*, Oxford, Clarendon Press, 1999.

LA PERCEPTION ANÉPISTÉMIQUE

La perception n'est ni un jugement, ni une forme de savoir. On peut se demander si elle partage encore certains traits pertinents avec la pensée conceptuelle. La pensée d'un objet mobilise, implicitement ou explicitement, un *critère d'identité*. Penser à un objet, c'est être capable de l'identifier comme membre d'une catégorie plus ou moins déterminée, par exemple comme un être humain, un chat ou une table. C'est aussi être capable, au moins en principe, de le réidentifier ou le reconnaître dans d'autres contextes. La question est de savoir si la perception est également liée à l'identification et à la reconnaissance. Puis-je percevoir un objet sans le catégoriser au moins approximativement, ou sans être capable de le reconnaître dans d'autres contextes perceptifs ?

La perception est-elle une forme de savoir ?		
oui	non	
	⟋VOUS ÊTES ICI: *Est-elle une forme d'identification ou de reconnaissance ?*	
	oui	non

La thèse selon laquelle la perception est liée à un critère d'identité n'implique pas nécessairement qu'elle soit une forme de pensée conceptuelle. La possession d'un critère d'identité est une condition nécessaire de la pensée conceptuelle, mais elle pourrait ne pas en être une condition suffisante. Lorsque Dummett, par exemple, introduit la notion de *protopensée*, il cherche à montrer que l'identification et la reconnaissance sont possibles à un niveau plus primitif que celui des pensées conceptuelles[1]. Une protopensée se caractérise par le fait que son

---

1. M. Dummett, *op. cit.*, chap. XI.

véhicule n'est pas linguistique, mais iconique (pour Dummett, un concept véritable est nécessairement incarné dans un langage). Les protopensées sont des composantes inséparables des circonstances de la perception et de l'action; elles sont véhiculées par des images qui correspondent à des traits spatiaux et dynamiques de la scène perçue. Un prédateur incapable de former des concepts peut néanmoins identifier dans la perception sa proie comme étant la même que celle qu'il a déjà blessée, et ajuster son comportement en conséquence.

La perception est-elle liée à un critère d'identité? Est-elle une forme de pensée ou de protopensée? Sans doute, les comptes-rendus opaques du type « Pierre voit que Marie danse » supposent de la part du sujet l'identification de ce qui est perçu. Dans chacun des deux exemples présentés plus haut, Pierre conceptualisait ce qu'il voyait comme une ferme ou comme une tasse. Mais qu'en est-il des comptes-rendus transparents du type « Pierre voit Marie danser »? Selon une première conception, les comptes-rendus transparents décrivent une forme *simple* de perception, qui précède l'identification et la reconnaissance. La perception simple, contrairement à celle qui est décrite par un compte-rendu opaque, n'a pas de connotation épistémique. Selon une conception rivale, seuls des comptes-rendus opaques sont capables de refléter un état mental authentique, à savoir une forme de conscience perceptive intrinsèquement liée à l'identification et à la reconnaissance (conceptuelle ou non)[1]. Les comptes-rendus transparents décrivent une situation perceptive de l'extérieur, à la troisième personne, sans tenir compte de la manière dont le sujet a saisi le monde qui l'entoure.

Une version de la première conception a été défendue par Fred Dretske. Dretske considère qu'il existe deux formes de

---

1. Si la perception n'est pas elle-même tenue pour une forme de connaissance, le partisan de cette conception ne prendra pas au sérieux l'implication ordinaire de « Pierre voit que *p* » à « Pierre sait que *p* ».

conscience perceptive [1]. La *perception épistémique* est une forme de conscience perceptive typiquement décrite par un compte-rendu opaque, alors que la perception *simple* ou *anépistémique* est typiquement décrite par un compte-rendu transparent. Dretske présente souvent cette distinction comme étant relative à la catégorie ontologique de ce qui est perçu. La perception épistémique est une perception de *faits*, alors que la perception simple est une perception de *choses*, c'est-à-dire d'entités spatio-temporelles. Lorsque je vois que les branches de l'arbre sont secouées par le vent, je perçois un fait, mais lorsque je vois l'arbre, ses branches et l'action du vent, je perçois des choses.

On peut défendre la première conception sans souscrire au point de vue de Dretske selon lequel seule la perception épistémique présente au sujet des faits. Si la perception simple existe, elle peut aussi porter sur un fait, dont les constituants ne sont pas identifiés ou reconnus. En général, on ne perçoit pas seulement des choses, mais des choses impliquées dans quelque situation. La distinction entre perception épistémique et perception simple ne concerne pas les objets de la perception, mais l'implication de capacités d'identification et de reconnaissance. Pour mieux saisir cette distinction, examinons quelques-uns des exemples concrets qui, selon Dretske, illustrent l'existence d'une conscience perceptive relativement indépendante de l'identification et de la reconnaissance.

L'argument de la complexité. Pierre est face à un zèbre, les yeux ouverts. Chaque rayure du zèbre, au nombre de huit, est visible. Pierre voit chaque rayure, mais il ne voit pas *que* le zèbre a huit rayures (il ne les a pas comptées).

Le champ visuel est complexe, mais je ne suis pas attentif à tous les aspects de sa complexité. Je sélectionne par l'attention quelques éléments de la scène, au détriment d'autres, néanmoins bien visibles. Il y a une différence consciente entre les éléments

---

1. Voir les essais réunis dans F. Dretske, *Perception, Knowledge and Belief*, Cambridge, Cambridge University Press, 2000, en particulier ceux de la II [e] partie.

du champ visuel sur lesquels je ne porte pas mon attention, et les éléments qui, comme le mur derrière moi, sont hors de mon champ visuel. Je vois beaucoup plus de choses que je n'en remarque.

Selon cet argument, il y a une différence essentielle entre la vision et l'imagination visuelle. Lorsque je forme l'image visuelle d'un zèbre normal, j'imagine que celui-ci a un nombre *déterminé* de rayures. Pourtant, on ne peut pas citer un nombre tel que j'imagine que le zèbre a *ce* nombre de rayures. Autrement dit, j'ai l'intention d'imaginer un zèbre ayant un nombre déterminé de rayures, mais je n'ai pas l'intention d'imaginer un zèbre ayant exactement huit rayures. Mon image visuelle ne contient pas plus de choses que ce que j'y ai mis[1]. Si Dretske a raison, il en va différemment de la vision. Non seulement je vois un zèbre qui a exactement huit rayures, mais chaque rayure entre séparément dans ma conscience visuelle.

L'argument des aspects négligés. Pierre discute à bâtons rompus avec un ami qu'il n'avait plus vu depuis longtemps. Plus tard, se remémorant la scène, Pierre prend conscience que son ami portait une moustache. Sur le moment, il a vu (au sens simple) la moustache, mais il n'a pas vu *que* son ami portait une moustache.

Il s'agit d'une variante de l'argument de la complexité. Le fait que Pierre a « négligé » la moustache de son ami au moment de la rencontre, au sens où il n'y a pas fait attention, ne l'a pas empêché de la voir. Il l'a vue sans s'en rendre compte.

L'argument de l'erreur de catégorisation. Pierre jette un coup d'œil sur le sofa, et a l'impression visuelle qu'il y a là un polo noir. En réalité, il s'agit d'un chat qui s'est lové paresseusement. Pierre a vu le chat (simple), mais il n'a pas vu *qu*'il y avait un chat.

Pierre a fait une erreur de catégorisation : il a pris un chat pour un polo. Selon Dretske, la possibilité même d'une erreur de ce genre suppose que Pierre a vu le chat en un sens non épisté-

---

1. J.-P. Sartre, *L'imaginaire*, Paris, Gallimard, 1967.

mique. Pierre est victime d'une illusion, et non d'une hallucination. Il a *vu* quelque chose, qu'il a identifié incorrectement.

L'argument de l'apprentissage. En un sens, on peut apprendre à voir, mais en un autre sens, on ne le peut pas. Par exemple, un médecin a appris à voir plus de choses que moi dans une radiographie. Il voit là une fracture alors que je ne vois que des ombres. Mais il y a aussi un niveau de perception qui semble être relativement imperméable au jugement et au savoir. Par exemple, dans l'illusion de Müller-Lyer, je sais que les deux lignes sont égales, mais je continue à avoir l'impression visuelle qu'elles sont inégales.

Selon Dretske, la perception épistémique est « imprégnée de théorie ». Ce que l'on perçoit en ce sens dépend de ce que l'on sait. En revanche, la perception simple est relativement indépendante des connaissances d'arrière-plan du sujet. Elle est « modulaire », et résiste aux meilleures informations dont dispose le sujet.

Dan Dennett a défendu contre Dretske une version de la seconde conception distinguée plus haut, selon laquelle la perception a toujours une connotation épistémique. Selon Dennett, Dretske n'a pas réussi à isoler une forme de conscience perceptive indépendante de toute compréhension conceptuelle ou protoconceptuelle du monde sensible :

> Il est impossible de fournir une théorie plausible de la conscience tant que l'expérience est conçue comme étant entièrement indépendante de la croyance – ou de quelque chose qui s'apparente à la croyance [...]. Un sujet voyant authentique doit d'une manière ou d'une autre se rendre compte de la présence de quelque chose (comme un dé à coudre ou comme autre chose), le « catégoriser », le « reconnaître », le « différencier », l'« identifier » ... (chaque terme entendu dans un sens élargi) ... ou de quelque autre façon le « juger ».

Dennett ne conteste pas l'existence d'un usage *ordinaire* des verbes de perception qui soit dénué de connotation épistémique, mais il affirme que cet usage trahit une conception naïve et

erronée de la perception, et qu'il ne permet pas d'isoler un état
mental conscient d'un genre distinct de celui de la perception
épistémique :

> Par exemple, je suis noyé dans la foule qui salue le passage mo-
> torisé de Hillary Rodham Clinton. Je m'exclame : « Je me
> demande si elle m'a vu ! » et mon compagnon me répond « Bien
> sûr – tu es suffisamment grand, ses yeux étaient ouverts, et elle
> n'arrêtait pas de balayer la rue du regard. Si tu l'as vue, elle t'a
> vu ». […] L'usage attribuable en troisième personne sur lequel
> Dretske attire notre attention est assez commun, mais il survit
> grâce à l'ignorance – l'ignorance quotidienne des gens ordinaires
> sur la manière dont leur système visuel fonctionne. Cet usage sup-
> pose, approximativement, que si nos yeux sont grands ouverts et
> nous sommes éveillés, tout ce qui est « juste en face de nos yeux »
> a un statut commun marqué – le statut que Dretske marque comme
> *vu* (au sens non épistémique) [1].

Considérons à nouveau l'argument de la complexité. On peut
admettre que les rayures du zèbre sont « enregistrées » par le
cerveau, notamment dans le cortex visuel. L'état cérébral dans
lequel je me trouve lorsque j'ai en face de moi un zèbre à huit
rayures est sans doute différent de l'état cérébral dans lequel je
me trouverais si j'avais en face de moi un zèbre à neuf rayures. Il
ne s'ensuit pas que les huit rayures ont un sens perceptif *pour le
sujet*. La perception simple de Dretske n'est pas une forme de
conscience perceptive ; au mieux, c'est une manière de décrire le
flux de l'information de la scène perçue à certaines régions du
cerveau. La perception simple n'a pas de réalité psychologique :

> Il n'y a aucune différence importante – aucune différence qui fait
> la différence – entre des choses qui sont vues au sens non épisté-
> mique (par exemple le dé à coudre sous les yeux de Betsy avant
> qu'elle ne s'en rende compte) et des choses qui ne sont pas vues du
> tout (par exemple l'enfant qui minaude dans le dos de Betsy) [2].

---

1. D. Dennett, « Dretske's Blindspot », dans *Philosophical Topics*, vol. 22,
n° 1 et 2, 1994, p. 511-517.
2. D. Dennett, art. cit., p. 511.

Un autre argument invoqué par Dennett est d'ordre empirique. Il concerne un phénomène que les psychologues appellent « cécité aux changements »[1]. Souvent, nous ne remarquons pas des changements importants dans la scène visuelle, tels qu'une portion substantielle du champ visuel qui est altérée, ou un pan de la scène qui change très progressivement de couleur, même si nous sommes prévenus à l'avance. L'une des explications de ce phénomène est que le cerveau humain ne se donne pas la peine de construire une représentation interne détaillée du monde qui l'entoure. Nous avons l'impression de voir une scène détaillée, mais le détail est dans le monde et non pas dans notre expérience.

Comment trancher le débat entre Dretske et Dennett? Dans le reste de cette présentation, j'aimerais souligner l'intérêt d'une position intermédiaire entre celle de Dretske et celle de Dennett. Selon cette position, la perception n'est pas indépendante de la *possession* de capacités conceptuelles et protoconceptuelles, mais elle ne doit pas être considérée comme un *exercice* de ces capacités. La perception n'est pas une forme d'identification et de reconnaissance, mais elle est définie au moins en partie comme une expérience consciente qui *rend possibles* de telles opérations cognitives.

Dans l'exemple de l'aspect négligé, Pierre ne remarque pas la moustache de son ami au moment de la rencontre, mais il s'en souvient plus tard. Il est plausible de supposer, dans ce cas au moins, que le souvenir de Pierre dépend du fait qu'il a perçu la moustache sans s'en rendre compte. Cette supposition peut être défendue sur des bases phénoménologiques. Ainsi, Sartre invoque le souvenir pour démontrer l'existence de la conscience perceptive même dans les cas où elle n'est pas explicite :

> Par exemple, j'étais absorbé tout à l'heure dans ma lecture. Je vais chercher à me rappeler les circonstances de ma lecture, mon

---

1. Les travaux sur la cécité aux changements ont été conduits en France par Kevin O'Regan. Voir par exemple M. Auvray et K. O'Regan, « L'influence des facteurs sémantiques sur la cécité aux changements progressifs dans les scènes visuelles », *Année Psychologique*, février 2003.

attitude, les lignes que je lisais. Je vais ainsi ressusciter non seulement ces détails extérieurs mais une certaine épaisseur de conscience irréfléchie, puisque les objets n'ont pu être perçus que *par* cette conscience et qu'ils lui demeurent relatifs [1].

L'observation de Sartre est valable non seulement pour les aspects de la scène sur lesquels le sujet a initialement porté son attention, mais aussi pour les aspects qu'il avait négligés. Si Pierre peut se souvenir de la moustache en ressuscitant son entretien passé avec son ami, c'est qu'elle était alors un *objet* pour lui, même s'il ne l'avait pas identifiée comme une moustache ou comme autre chose.

Étant donné une certaine théorie de la mémoire et de sa dépendance à l'égard de la perception, la possibilité de se souvenir d'un objet perçu peut être considérée comme l'un des critères permettant de distinguer ce qui est vu au sens simple et ce qui n'est pas vu du tout. Ce qui est vu au sens simple, contrairement à ce qui n'est pas vu du tout, peut être retrouvé par le souvenir.

Ces brèves remarques permettent d'envisager une position qui n'est ni celle de Dretske ni celle de Dennett. Contre Dretske, la perception est liée à la *capacité* d'identifier ou de reconnaître ce qui est perçu. Même si un être dépourvu d'une telle capacité pouvait détecter des traits dans l'environnement, il ne tomberait pas sous notre concept ordinaire de sujet percevant. Contre Dennett, la perception n'est pas un *exercice* d'identification ou de reconnaissance. On peut percevoir quelque chose sans l'identifier comme une chose ou une autre. La perception simple est une relation réelle au monde qui offre au sujet percevant la *possibilité* d'identifier ou de reconnaître ce qui est perçu, que le sujet saisisse ou non cette occasion. À tout le moins, la perception simple d'un objet à un instant donné n'est pas liée à l'identification ou à la reconnaissance de cette chose *au même instant*.

---

1. Sartre, *La transcendance de l'ego*, Paris, Vrin, 1988, p. 30.

On pourrait objecter que la notion de perception simple ou anépistémique décrit un état du sujet, mais pas une expérience *consciente*. Une autre objection est qu'elle décrit un état *non mental* du sujet. Ce type d'objections repose sur l'image d'une ligne de partage franche entre ce qui est conscient et ce qui ne l'est pas, ou entre un état mental et un état physique. Il est temps de se déposséder de cette image. Notre conception ordinaire de la perception est celle d'un état mental psychophysique, qui implique simultanément et de manière indissociable des conditions « internes » et des conditions « externes »[1]. De même, peut-être existe-t-il une gradation continue entre ce qui est conscient et ce qui ne l'est pas, et la perception est-elle parfois, comme dans certains cas de perception simple, dans la pénombre de la conscience.

---

1. Précisons que la thèse selon laquelle il est impossible de démêler les conditions « internes » et les conditions « externes » d'un état mental comme la perception, n'implique pas qu'il soit impossible de distinguer le *sujet* de l'état mental du reste du monde.

TEXTES ET COMMENTAIRES

TEXTE 1

G. BERKELEY
Un essai pour une nouvelle théorie de la vision, § 93-99 *

93) Il est certain qu'un homme réellement aveugle, et qui le serait depuis sa naissance, parviendrait, par le sens du toucher, à avoir les idées de haut et de bas. Il pourrait, par le mouvement de sa main, discerner la situation d'un quelconque objet tangible placé à sa portée. Cette partie sur laquelle il sent qu'il s'appuie, ou vers laquelle il perçoit que son corps est attiré, il la nommera *basse*, et la partie opposée *haute*; et il dénommera, conformément à cette terminologie, tous les objets qu'il touche.

94) Mais alors, les jugements qu'il porte sur la situation des objets sont, quels qu'ils soient, limités à ceux qui sont perceptibles par le toucher. À toutes ces choses qui sont intangibles et de nature spirituelle, ses pensées et ses désirs, ses passions et, en général, toutes les modifications de l'âme, il n'appliquerait jamais les termes de *haut* et de *bas*, excepté seulement dans un sens métaphorique. Peut-être, peut-il, de manière allusive, parler de hautes ou de basses pensées. Mais ces termes, dans leur signification propre, ne sauraient jamais s'appliquer à quelque chose qui ne fut pas conçu comme existant hors de l'esprit. Car un aveugle de naissance, qui est resté dans cet état, ne pourrait rien vouloir dire d'autre par les mots de *plus haut* et de *plus bas*

* Dans *Œuvres I*, G. Brykman (dir.), trad. fr. L. Déchery, Paris, PUF, 1985, p. 249-252.

qu'une plus ou moins grande distance par rapport à la terre, distance qu'il mesurerait par le mouvement ou l'application de sa main, ou de quelque autre partie de son corps. Il est donc évident que toutes ces choses qu'il considérerait, l'une par rapport à l'autre, comme plus hautes ou plus basses, doivent être telles qu'elles furent conçues comme existant hors de l'esprit, dans l'espace environnant.

95) D'où il suit clairement qu'un tel homme, si nous supposons qu'il accède à la vue, ne penserait pas, à son premier regard, que ce qu'il voit est en haut ou en bas, à l'endroit ou à l'envers, car il a été démontré à la section 41 qu'il ne penserait pas que les choses qu'il perçoit soient à quelque distance de lui, ou hors de son esprit. Les objets auxquels il avait, jusqu'ici, l'habitude d'appliquer les termes de *haut* et de *bas*, de *supérieur* et d'*inférieur*, ne le méritaient qu'en tant qu'ils affectaient son toucher, ou qu'ils étaient perçus d'une certaine manière par lui ; mais les objets propres de la vision constituent un nouvel ensemble d'idées parfaitement distinctes et différentes des précédentes, et qui ne peuvent, en aucune façon, se faire percevoir par le toucher. Il n'y a donc absolument rien qui pouvait l'induire à penser que ces termes leur sont applicables ; et il ne penserait jamais avant qu'il n'eût observé leur connexion avec les objets tangibles, et avant que n'eût commencé à s'insinuer dans son entendement ce même préjugé, qui s'est développé, depuis l'enfance, dans l'entendement des autres hommes.

96) Pour mieux mettre cette question en pleine lumière, j'utiliserai un exemple. Supposons que l'aveugle mentionné ci-dessus perçoive, par le toucher, qu'un homme se tient droit. Analysons la manière dont cela se fait. Par application de sa main sur les diverses parties d'un corps humain, il a perçu différentes idées tangibles qui, en s'unissant en plusieurs idées complexes, ont des noms distincts qui leur sont attachés. Ainsi, la combinaison d'une certaine figure tangible, d'un certain volume tangible et d'une certaine cohérence tangible des parties est appelée la tête, une autre la main, une troisième le pied, et de même pour le reste. Toutes ces idées complexes peuvent, dans son entendement, être

seulement composées d'idées perceptibles par le toucher. Il a
aussi acquis par le toucher une idée de la terre ou du sol vers lequel
il sent que les parties de son corps tendent naturellement. Or, *droit*
ne signifiant rien de plus que cette position perpendiculaire d'un
homme dans laquelle ses pieds sont le plus près de la terre, si
l'aveugle en promenant sa main sur les membres de l'homme qui
se tient devant lui perçoit que les idées tangibles qui composent la
tête sont le plus éloignées de cette autre combinaison d'idées tangibles qu'il appelle *terre,* et que celles qui composent les pieds en
sont le plus rapprochées, il dira que l'homme se tient droit. Mais
si nous supposons qu'il accède subitement à la vue, et qu'il
aperçoive un homme debout devant lui, il est évident, dans ce cas,
qu'il ne jugera l'homme qu'il voit ni droit ni renversé, car, n'ayant
jamais su appliquer ces termes à autre chose qu'aux choses
tangibles, ou qu'à celles qui existent dans l'espace en dehors de
lui, et ce qu'il voit n'étant ni tangible ni perçu comme existant au-
dehors, il ne pouvait pas savoir que, en toute propriété de langage,
ces termes étaient applicables ici.

97) Par la suite, lorsqu'il observera que, en tournant la tête
vers le haut et le bas, la droite et la gauche, les objets visibles
changent, et lorsqu'il arrivera aussi à savoir qu'ils sont appelés
par les mêmes noms, et qu'ils sont associés avec les objets perçus
par le toucher, alors il en viendra, en effet, à parler d'eux et de
leur situation dans les termes mêmes qu'il a eu l'habitude
d'appliquer aux choses tangibles; et des objets qu'il perçoit en
levant les yeux, il dira qu'ils sont plus hauts, et de ceux qu'il
perçoit en baissant les yeux, il dira qu'ils sont plus bas.

98) Et cela me semble être la vraie raison pour laquelle il doit
penser comme étant le plus élevés les objets qui se peignent sur la
partie inférieure de l'œil, car ils seront vus distinctement en
levant les yeux; de même que ceux qui se peignent sur la plus
haute partie de l'œil seront vus distinctement en baissant les
yeux, et sont, pour cette raison, estimés le plus bas; car nous
avons montré qu'il n'attribuerait pas aux objets immédiats de la
vue, considérés en eux-mêmes, les termes de *haut* et de *bas.* Cela
doit donc être à cause de quelques facteurs dont on a observé

qu'ils les accompagnent; et il est clair que ces facteurs sont les actions de lever et de baisser les yeux, actions qui nous suggèrent une raison très évidente pour laquelle l'esprit doit appeler, par conséquent, les objets de la vue par les noms de *haut* ou de *bas*. Et sans ce mouvement des yeux, sans cette action de les lever et de les baisser pour discerner les différents objets, *droit*, *renversé*, et autres termes semblables relatifs à la position des objets tangibles, n'auraient, sans doute, jamais été ni transférés aux idées de la vue, ni considérés comme s'y rapportant d'aucune façon; car le simple acte de voir n'inclut rien de tel dans ce sens, alors que les différentes positions de l'œil amènent naturellement l'esprit à faire un jugement adéquat de la situation des objets introduits par la vue.

99) De plus, lorsqu'il aura connu, par expérience, la connexion qu'il y a entre les diverses idées de la vue et du toucher, il sera capable, par la perception qu'il a de la situation des choses visibles les unes par rapport aux autres, de faire une estimation immédiate et vraie de la situation des choses tangibles extérieures qui y correspondent. Et c'est ainsi qu'il percevra, par la vue, la situation des objets extérieurs qui ne relèvent pas proprement de ce sens.

COMMENTAIRE [1]

LES IDÉES DE LA VUE ET DU TOUCHER

Berkeley publie l'*Essai pour une nouvelle théorie de la vision* en 1709, une année avant les *Principes de la connaissance humaine* [2]. L'*Essai* concerne avant tout la perception *visuelle* : il s'agit de « montrer la manière dont nous percevons par la vue la distance, la grandeur et la situation des objets » (§ 1). Au § 44 des *Principes*, Berkeley résume la thèse principale de son précédent travail : « Que les objets propres à la vue n'existent pas hors de l'esprit (*without the mind*), et ne sont pas non plus des images de choses extérieures, c'est ce que nous avons déjà montré dans [l'*Essai*] ». Berkeley joue en anglais sur la double signification de « *without the mind* », qui veut dire « en dehors de l'esprit » au sens spatial et « indépendant de l'esprit » au sens existentiel. Les objets propres ou immédiats de la vue sont les couleurs, leurs variations et les différents degrés d'ombre et de lumière (§ 156). D'une part, ce ne sont pas des éléments de l'espace réel, ou du monde extérieur. D'autre part, bien qu'ils soient distincts de

---

1. G. Berkeley, *Un Essai pour une nouvelle théorie de la vision*, § 93-99.
2. Les deux essais sont réunis dans G. Berkeley, *Œuvres I, op. cit.* Sauf indication contraire, les références qui suivent dans ce commentaire renvoient à l'*Essai*. À noter qu'en 1733, Berkeley publie *La Théorie de la vision ou langage visuel, montrant la présence immédiate et la providence d'une déité, défendue et expliquée* (voir le IIe tome des *Œuvres*, publié en 1987) pour répondre aux critiques et clarifier sa théorie de la vision.

l'expérience visuelle (l'acte de voir), ils en dépendent : l'être des objets de la vue, c'est leur être vu.

Contrairement aux objets de la vue, qui dépendent de notre expérience visuelle, Berkeley suppose dans l'*Essai* que les objets propres du toucher sont indépendants de notre expérience tactile. Ce sont des éléments matériels du monde extérieur, qui relèvent principalement de l'étendue, de la figure et du mouvement. Lorsque je touche une balle, la balle elle-même, ou du moins la surface que je touche, est l'objet immédiat du toucher. La thèse du réalisme du toucher est admise ici à titre heuristique ; à vrai dire, Berkeley était déjà convaincu de l'incohérence du matérialisme. Dans les *Principes*, tous les objets sensibles dépendent de l'expérience que nous en avons ; *esse est percipi* (être, c'est être perçu).

Berkeley parle des objets de nos perceptions comme des *idées*. Il accepte la thèse de Locke selon laquelle « l'esprit […] ne perçoit rien d'autre que ses propres *Idées* » [1]. Cependant, il rejette résolument le réalisme indirect de Locke. À ses yeux, la distinction entre les idées qui dépendent de l'esprit et les objets réels qu'elles sont censées représenter en dehors de l'esprit conduit fatalement au scepticisme. Lorsque nous parlons de tables, de chaises ou du Soleil, nous ne parlons pas d'objets physiques derrière le voile des apparences ; nous parlons sans détour des objets de nos perceptions.

Si Berkeley rejette explicitement, dans les *Principes*, la thèse selon laquelle le toucher nous ouvre sur le monde extérieur, il la motive dans l'*Essai* par deux types de considérations. Premièrement, les idées tangibles sont relativement stables par rapport aux idées visibles. Si je m'approche d'un homme situé à distance, sa taille visuelle (c'est-à-dire la projection de sa taille réelle dans le champ visuel) augmente. Si j'observe une pièce de monnaie inclinée, sa forme visuelle (c'est-à-dire la projection de sa forme réelle dans le champ visuel) est elliptique. En général,

---

1. J. Locke, *Essai sur l'entendement humain*, trad. fr. J.-M. Vienne, Paris, Vrin, 2001, IV, 4, § 3.

les idées visibles de la forme et de la taille des objets sont fluc-
tuantes, de sorte qu'elles ne correspondent pas de manière
univoque à leur forme et à leur taille réelles. Les idées du toucher,
par contre, sont de ce point de vue relativement constantes. Un
second type de considérations en faveur de la primauté épistémologique du toucher concerne le fait que notre intérêt pour la
réalité matérielle est avant tout pragmatique. Le contact de notre
corps avec les choses extérieures peut être bénéfique ou néfaste.
Les idées du toucher sont donc plus directement liées à notre
survie que celles de la vue. Dans ce cas, pourquoi la nature nous
a-t-elle ouvert les yeux ? La réponse de Berkeley est la suivante :

> Le sens de la vue semble avoir été accordé aux animaux [...] pour
> que, par la perception des idées visuelles (qui, en elles-mêmes, ne
> sont pas capables d'affecter ou de modifier d'une façon quel-
> conque la conformation de leur corps), ils puissent être capables
> de prévoir (d'après l'expérience qui leur appris que telles idées
> tactiles sont associées à telles et telles idées visuelles) le dom-
> mage ou le bénéfice qui sont à même de s'ensuivre au contact de
> leurs propres corps avec tel ou tel corps qui est à distance (§ 59).
> Les idées de la vue, lorsque nous saisissons par leur moyen la
> distance et les choses situées à distance, ne nous suggèrent ou ne
> désignent pas des choses qui existent réellement à distance ; elles
> ne font que nous prévenir que telles idées tangibles nous seront
> imprimées dans l'esprit à tel ou tel espace dans le temps, et en
> conséquence de telle ou telle action (*Principes*, § 44).

En d'autres termes, l'habitude ou l'expérience a conduit
notre système perceptif à associer des idées tangibles à nos idées
visibles, de telle manière que les secondes nous renseignent sur
l'imminence des premières. Berkeley semble également insister
sur le fait que l'expérience tactile, contrairement à l'expérience
visuelle, est engagée, au sens où elle peut difficilement être distinguée du fait d'avoir un corps matériel, ou du moins solide,
avec lequel on agit dans l'espace. De ce point de vue, ce n'est pas
par hasard que ce que Berkeley appelle « toucher » relève moins
du toucher passif que du toucher actif (la manipulation, la loco-
motion). De même, les « idées tangibles » comprennent non seu-

lement les sensations tactiles au sens propre, mais également les informations musculaires (par exemple, la convergence et l'accommodation), proprioceptives (c'est-à-dire sur la manière dont le corps occupe l'espace) et kinesthésiques (c'est-à-dire sur l'action du sujet).

Un thème important de l'*Essai* est que les idées du toucher et celles de la vue sont hétérogènes : « l'étendue, les figures et les mouvements perçus par la vue sont spécifiquement distincts des idées du toucher appelées par les mêmes noms, et il n'y a aucune chose, telle qu'une idée ou un genre d'idée, qui soit commune aux deux sens » (§ 127). Je ne peux pas toucher ce que je vois, de même que je ne peux pas voir ce que je touche.

Pourtant, Berkeley n'affirme pas que la distance, la grandeur et la situation des objets réels (c'est-à-dire tangibles) sont invisibles. Si une idée tangible ne peut jamais être l'objet immédiat d'une expérience visuelle, elle peut en être l'objet *médiat* ou *indirect*, à condition que l'habitude ait créé des liens appropriés entre les deux sens. C'est ainsi que mes idées visuelles m'informent sur le monde tangible, bien qu'elles n'en fassent pas elles-mêmes partie. Berkeley rejette la thèse selon laquelle la valeur informative des idées de la vue dérive d'un jugement (implicite ou explicite) sur les connexions entre la vue et le toucher. Un tel jugement devrait se faire par une sorte de « géométrie naturelle », mais nous ne sommes pas naturellement géomètres. Au contraire, les idées de la vue « suggèrent » des idées du toucher de manière spontanée ou non inférentielle. À nouveau, c'est l'expérience habituelle et non la raison qui conduit le sujet à former des jugements fiables sur le monde tangible à partir de ses perceptions visuelles.

Berkeley formule une analogie célèbre entre les idées de la vue et les signes d'une langue. De même qu'il n'y a aucune connexion nécessaire entre le mot « chien » et les chiens réels (le lien entre le premier et les seconds est arbitraire), il n'y a aucune connexion nécessaire entre une idée visible et l'idée tangible qu'elle suggère. Nous apprenons à mettre en rapport la première avec la seconde à peu près de la même façon que nous apprenons une langue. Dans la première édition de l'*Essai*, Berkeley déclare que « les objets propres de la vision constituent un langage universel de la nature par lequel nous apprenons à régler nos actions » (§ 147). Dans la troisième édition, Berkeley remplace « la nature » par « l'Auteur de la nature », c'est-à-dire Dieu.

L'hétérogénéité des idées propres du toucher et de la vue est à la base de la réponse négative que Berkeley apporte à la célèbre question de Molyneux. Le 7 juillet 1688, l'homme de loi dublinois William Molyneux, auteur d'un traité d'optique (la *Dioptrica Nova*, publié en 1692), écrit une lettre à Locke dans laquelle il formule un problème philosophique qui devait jouer un rôle considérable dans la philosophie de l'esprit et de la connaissance du XVIIe et du XVIIIe siècles. Locke inclut la question de Molyneux dans la seconde édition de l'*Essai sur l'entendement humain* :

> Supposez un aveugle de naissance, qui soit présentement homme fait, auquel on ait appris à distinguer par le seul attouchement un cube d'un globe, du même métal et à peu près de la même grosseur, en sorte que lorsqu'il touche l'un et l'autre il puisse dire quel est le cube et quel est le globe ; supposez que le cube et le globe étant posés sur une table, cet aveugle vienne à jouir de la vue. On demande si en les voyant sans les toucher, il pourra les discerner, et dire quel est le globe et quel est le cube[1].

Comme Locke, Berkeley répond à cette question par la négative. Locke lui-même considérait que la vue donne immédiatement accès à une surface visuelle sans profondeur, de sorte qu'un jugement est nécessaire pour percevoir une sphère à partir de la vue d'un cercle plat. Toutefois, Locke n'affirme pas que l'espace visible et l'espace tangible sont incommensurables. En d'autres termes, il aurait probablement répondu « oui » à une version bi-dimensionnelle de la question de Molyneux. La réponse négative de Berkeley est plus radicale. S'il y a un espace visuel, il est en tous points différent de l'espace accessible au

---

1. Locke, *op. cit.*, II, IX, § 8.

toucher. Aux yeux de Berkeley, se demander si l'aveugle pourra nommer les objets qu'il voit au moyen des termes spatiaux qu'il a utilisés dans le cadre du toucher revient à se demander si l'on peut connaître immédiatement la signification de termes d'une langue étrangère que l'on entend pour la première fois.

DEUX SORTES DE CONCEPTS SPATIAUX

Pour mieux comprendre la nature de la perception visuelle selon Berkeley, et son rapport au toucher, je vais introduire une distinction, due à Gareth Evans, entre deux manières présumées de concevoir l'espace :

> D'un côté, nous avons ce que j'appellerai des concepts spatiaux *sériels* – des concepts expliqués en termes de la succession ou de la séquence des perceptions du sujet, et des sensations musculaires et kinesthésiques qui accompagnent ces changements, qu'elles résultent du mouvement du corps tout entier ou seulement d'une partie de celui-ci. [...] Je distingue entre ces concepts et ce que j'appellerai des concepts spatiaux *simultanés*, une notion qui est beaucoup plus difficile à préciser. Peut-être pouvons-nous les caractériser comme des concepts relationnels dont l'application la plus directe concerne des situations dans lesquelles les éléments qu'ils relient sont présentés ou perçus simultanément[1].

Je peux concevoir la distance qui me sépare d'un arbre de deux manières apparemment différentes. Je peux la concevoir en termes sériels – par exemple, en imaginant le nombre de pas que je devrais accomplir pour atteindre l'arbre. Dans ce cas, ma représentation de la distance entre l'arbre et moi est en réalité une représentation temporelle. Elle repose du moins sur la représentation d'une séquence de perceptions visuelles et kinesthésiques, à savoir celles que j'aurais si je marchais normalement en direc-

---

1. G. Evans, « Things Without the Mind », dans *Collected Papers*, Oxford, Clarendon Press, 1985, p. 283-284.

tion de l'arbre. Je peux aussi concevoir la distance entre l'arbre et moi en termes simultanés. Par exemple, je conçois que je suis à dix mètres de l'arbre. Le concept exprimé par « être à dix mètres » est simultané au sens d'Evans, car il semble s'appliquer à deux objets, l'arbre et moi, qui me sont présentés en même temps.

En fait, la thèse selon laquelle nous possédons des concepts spatiaux simultanés a été contestée. Par exemple, John Stuart Mill et Henri Poincaré ont considéré que ce qui nous apparaît comme des concepts spatiaux simultanés sont en réalité des concepts sériels. Les représentations spatiales, du moins lorsqu'elles relèvent de la perception, se réduisent à des représentations temporelles. Ainsi, Poincaré écrit à propos de la localisation d'un objet perçu :

> Localiser un objet, cela veut dire simplement se représenter les mouvements qu'il faudrait faire pour l'atteindre ; je m'explique ; il ne s'agit pas de se représenter les mouvements eux-mêmes dans l'espace, mais uniquement de se représenter les sensations musculaires qui accompagnent ces mouvements et qui ne supposent pas la préexistence de la notion d'espace [1].

De plus, les philosophes qui admettent que nous possédons des concepts spatiaux simultanés ne sont pas toujours d'accord sur la nature de tels concepts. Selon une tradition philosophique de langue allemande, qui remonte au XVIIIe siècle à Ernst Platner et qui inclut Hermann Lotze et plus récemment Marius von Senden, les concepts spatiaux simultanés sont surtout de nature visuelle [2]. C'est la vue qui permet d'acquérir des concepts d'objets présentés simultanément comme étant en relation

1. H. Poincaré, *La valeur de la science*, Paris, Flammarion, 1970, p. 67. En ce qui concerne J. S. Mill, voir le chap. 13 de *An Examination of Sir William Hamilton's Philosophy*, Londres, Routledge & Kegan Paul, 1979. Par exemple, p. 223, Mill déclare que « l'idée de l'espace est, au fond, une idée de temps ».

2. E. Platner, *Philosophische Aphorismen*, 2 vol., Leipzig, Schwicktschen Verlag, 1793, 1800, H. Lotze, *Métaphysique*, trad. fr. A. Duval, Paris, Firmin-Didot, 1883, et M. von Senden, *Raum und Gestaltauffassung bei operierten Blindgeborenen*, Leipzig, Barth, 1932.

spatiale. Par suite, un aveugle de naissance ne possède pas de concepts spatiaux simultanés. En effet (selon l'argument de Platner, Lotze et von Senden), le toucher est un sens sériel ; il ne produit que des représentations relatives à la succession de nos sensations tactiles, kinesthésiques et proprioceptives. Si l'aveugle de naissance a une représentation de l'espace, elle est fondamentalement différente de la nôtre.

Nous avons des concepts spatiaux simultanés		
oui L'aveugle de naissance a des concepts spatiaux simultanés		non J. S. Mill, H. Poincaré
oui	non Platner, H. Lotze, M. von Senden	

La thèse selon laquelle l'aveugle de naissance ne possède que des concepts spatiaux sériels ne doit pas être traitée à la légère. Selon un argument dont l'origine est la *Première Critique* de Kant, la possession de concepts spatiaux simultanés est une condition nécessaire pour que je puisse concevoir les objets de ma perception comme existant « hors de moi », et comme poursuivant leur existence « ailleurs » lorsque je ne les perçois pas. La notion d'un monde objectif est nécessairement celle d'un monde spatial où coexistent plusieurs objets à chaque instant. En fait, les concepts sériels ne sont pas véritablement des concepts d'espace. Comme le dit Evans, « parce que les concepts spatiaux sériels ne nous offrent pas le moyen de penser à des objets qui existent simultanément, il n'est pas évident que ce soient des concepts de relations entre des objets (qui existent simultanément) » [1]. Autrement dit, l'aveugle de naissance vivrait uniquement dans le temps, et ne serait pas capable de concevoir un monde objectif extérieur à lui. C'est précisément ce qu'affirme

---

1. *Op. cit.*, p. 288.

Platner : « un homme privé de la vue n'a absolument aucune perception du monde extérieur […]. En fait, pour ceux qui sont nés aveugles, le temps joue le rôle de l'espace »[1]. Cette conclusion est bien entendu inacceptable.

L'ESPACE DE LA VUE ET DU TOUCHER

Où Berkeley se situe-t-il dans ce débat ? Sans doute, contre la tradition philosophique inaugurée par Platner, il serait prêt à accorder des concepts spatiaux simultanés à l'aveugle de naissance, à savoir ceux que l'on peut acquérir sur la base du toucher. Mais qu'en est-il de la vue ? Permet-elle d'acquérir des concepts spatiaux simultanés indépendamment de son association avec le toucher ? Selon l'interprétation canonique de Berkeley, certains concepts spatiaux visuels sont sériels, alors que d'autres sont simultanés. D'une part, il est évident que Berkeley tient le concept de *distance visuelle* pour un concept sériel, comme en témoigne par exemple le § 44 des *Principes* cité plus haut. Nous voyons spontanément les choses à distance, mais la distance n'est pas un objet immédiat de la vue. Nous voyons la distance dans la seule mesure où les idées de la vue sont associées à des idées du toucher, seul capable de nous faire percevoir immédiatement les choses en dehors de nous.

D'autre part, la vue permet également d'acquérir des concepts spatiaux simultanés indépendamment du toucher. C'est le cas par exemple des concepts de ligne visible, de carré ou de cercle visibles. L'objet immédiat de la vue est une étendue visuelle bi-dimensionnelle, ou une mosaïque de couleurs. Cette interprétation semble être confirmée par le passage suivant, dans lequel Berkeley affirme que la vue et le toucher ont en commun le fait qu'ils produisent des représentations simultanées :

> Les sons, par exemple, que l'on perçoit au même instant sont propres à se fondre, si je puis dire, en un seul son. Mais nous

---

1. Cité par Mill, *op. cit.*, p. 223.

pouvons percevoir en même temps une grande variété d'objets visibles tout à fait séparés et distincts les uns des autres. Or, l'étendue tangible étant formée de plusieurs parties distinctes coexistantes, nous pouvons en tirer une autre raison qui peut nous porter à imaginer une ressemblance ou une analogie entre les objets immédiats de la vue et ceux du toucher (§ 145).

Si la perception visuelle me présente plusieurs objets distincts en même temps, il faut bien qu'ils aient entre eux quelque relation spatiale ou quasi-spatiale, qui fait par exemple qu'un objet me paraît visuellement plus proche d'un second que d'un troisième. Comme dans le cas du toucher mais indépendamment de lui, les objets visuels apparaissent dans un « ordre » qui permet l'acquisition de concepts simultanés d'espace bi-dimensionnel.

Selon Berkeley, le même mot « carré » peut évoquer tantôt le concept de carré tangible (sur une surface réelle, par exemple), tantôt le concept différent de carré visible (en tant qu'objet immédiat de la vue). L'usage normal de ce mot repose donc sur « deux capacités séparables et conceptuellement indépendantes »[1]. Le concept de carré visible et celui de carré tangible s'appliquent à des configurations d'objets qui existent simultanément, mais qui sont pourtant distincts.

LE PROBLÈME DE L'IMAGE RÉTINIENNE INVERSÉE

En 1604, Johannes Kepler découvre que le corps cristallin de l'œil n'est pas sensible à la lumière, mais fonctionne comme une lentille. Il constate que les images des objets formés sur la rétine par l'entremise de ces lentilles sont *renversées* et *plates*. Cette découverte pose problème aux yeux des philosophes et des hommes de science du XVIIᵉ siècle. Si l'image des objets qui se peignent au fond de l'œil est inversée par rapport à la scène réelle (aussi bien de haut en bas que de gauche à droite), comment se

1. Evans, *op. cit.*, p. 374.

fait-il que nous *voyions* la scène droite? Voici le problème dans les termes mêmes de Berkeley:

> Personne, à ce jour, n'ignore que les images des objets extérieurs se peignent sur la rétine, ou fond de l'œil; que nous ne pouvons rien voir qui n'y soit pas ainsi peint, et que, dans la mesure où l'image est plus distincte ou confuse, la perception que nous avons de l'objet l'est aussi. Mais il se présente alors dans cette explication de la vision une difficulté considérable. Les objets se peignent dans un ordre inversé sur le fond de l'œil: la partie supérieure de tout objet se peint sur la partie inférieure de l'œil, et la partie inférieure de l'objet sur la partie supérieure de l'œil; et de même pour la droite et la gauche. Puisque les images sont donc ainsi inversées, on se demande comment il se fait que nous voyions les objets droits et dans leur position naturelle (§ 88).

En un sens, le problème a déjà été résolu par Descartes. Il semble présupposer que la vision du monde extérieur dépend de l'appréhension, à un certain niveau de traitement cognitif, de l'image rétinienne elle-même. Car il faut bien, de quelque façon, *voir* l'image rétinienne pour en connaître l'orientation. Cette présupposition est une forme du «sophisme de l'homoncule», bien décrit par Jacques Bouveresse:

> Kenny appelle «sophisme de l'homoncule» (*homunculus fallacy*) la pratique courante qui consiste à appliquer des descriptions réservées en principe à l'être humain pris dans son intégralité à des objets qui ne lui ressemblent pas suffisamment ou plus du tout. Utilisée dans le cas de l'être humain, elle revient à postuler en quelque sorte à l'intérieur de l'homme des réductions d'homme auxquelles on attribue les fonctions de l'homme entier et à l'aide desquelles on croit pouvoir expliquer l'expérience et le comportement humains. Qu'il fonctionne au profit de l'âme ou, de façon apparemment plus «scientifique» et plus conforme à la mentalité de l'époque actuelle, du cerveau, le sophisme de l'homoncule a dans tous les cas l'inconvénient de suggérer qu'un problème essentiel a été résolu, alors qu'en réalité il a été

simplement déplacé et se repose sous une forme équivalente à un autre endroit[1].

Descartes rejette explicitement le sophisme de l'homoncule en ce qui concerne l'image rétinienne : « pour sentir, l'âme n'a pas besoin de contempler aucunes images qui soient semblables aux choses qu'elle sent »[2]. L'image rétinienne n'est pas un « écran intérieur » qu'un homoncule doit regarder pour construire une représentation du monde extérieur projeté sur l'écran. Si l'idée d'un tel homoncule est abandonnée, l'image rétinienne peut être conçue en terme de l'information objective qu'elle véhicule. Or l'inversion de l'image n'entraîne aucune perte d'information.

Après Descartes, Berkeley reconnaît qu'une présupposition de ce genre constitue l'une des origines du problème :

> De plus, ce qui contribue grandement à nous induire en erreur sur ce sujet, c'est que, lorsque nous pensons aux peintures sur le fond de l'œil, nous nous imaginons en train de regarder le fond de l'œil d'un autre homme, ou nous nous imaginons que quelqu'un d'autre regarde le fond de notre propre œil, et perçoit les peintures qui y sont peintes (§ 116).

Si nous considérons les « peintures » au fond de l'œil indépendamment de tout observateur, elles ne sont pas droites ou renversées en elles-mêmes ; elles ne le sont que relativement à la scène réelle considérée comme cadre de référence.

Si Berkeley considère que l'inversion de l'image rétinienne est un faux-problème, pourquoi y consacre-t-il plusieurs paragraphes ? Tout d'abord, la discussion de ce problème lui permet de mettre en place les éléments fondamentaux de sa théorie de la perception visuelle. Ensuite, le rejet du sophisme de l'homoncule n'explique pas pourquoi nous *voyons* que les objets devant nous

---

1. J. Bouveresse, *Langage, perception et réalité*, Nîmes, Chambon, 1995, p. 315.

2. R. Descartes, « La Dioptrique », dans *Œuvres de Descartes*, éd. C. Adam et P. Tannery, Paris, Vrin, 1996, vol. VI, p. 114.

sont « droits » ou « renversés ». Or l'une des questions qui intéressent Berkeley concerne la nature du cadre de référence sur
lequel la vision s'appuie pour situer des objets dans le monde réel.

Indépendamment du sophisme de l'homoncule, le problème
de l'image rétinienne inversée a connu un regain d'intérêt dès la
fin du XIXᵉ siècle, lorsque George Malcom Stratton entame ces
célèbres expériences. Stratton, qui était à cette époque un étu-
diant de Wundt à Leipzig, conçut des lunettes équipées d'un jeu
de miroirs ayant pour effet de redresser l'image rétinienne (qui
n'est alors plus inversée par rapport à la scène réelle). Stratton les
porta lui-même pendant plusieurs jours et décrivit soigneusement ses impressions. Par exemple, un homme debout devant
lui paraît visuellement avoir la tête en bas. Les connexions
sensori-motrices sont évidemment bouleversées – il tend la main
vers le bas pour saisir un objet qu'il voit en haut, il monte un
escalier qu'il cherche à descendre, et ainsi de suite. Au bout de
quelques jours, Stratton constate pourtant que son système visuel
s'est adapté dans une certaine mesure au port des lunettes. Les
connexions sensori-motrices se réorganisent, et il localise
correctement les objets de la vue. Il a de nouveau prise sur le
monde réel ; il écrit que « ce qui avait été anciennement le "haut"
du champ visuel commence à donner une impression très sem-
blable à celle qui appartenait au "bas", et *vice versa* »[1].

Les expériences de Stratton montrent que le lien entre
l'orientation de l'image rétinienne et la possibilité de voir le
monde « à l'endroit » (c'est-à-dire tel qu'il est) est contingent.
L'inversion de l'image rétinienne n'est donc pas en soi un problème. Toutefois, une théorie adéquate de la perception doit
rendre compte des phénomènes décrits par Stratton, et expliquer
notamment la possibilité et la nature de l'adaptation qu'il a
constatée.

---

1. G. M. Stratton, « Vision without inversion of the retinal image »,
Psychological Review 4, p. 341-360, p. 350. On trouve un exposé passionnant des
expériences de Stratton dans *La phénoménologie de la perception* de M. Merleau-
Ponty, Paris, Gallimard, 1945.

LA SOLUTION DE BERKELEY

Il est temps de se pencher sur la solution que Berkeley propose du problème de l'image rétinienne inversée. Elle se divise en trois moments. En premier lieu, Berkeley affirme que les idées de haut et de bas relèvent avant tout du toucher. L'espace du toucher comporte un sol (la terre) sur lequel nous nous appuyons et vers lequel toute chose est attirée. Nous nommons « bas » la direction du sol et « haut » la direction opposée (§ 93).

En tant qu'elles relèvent du toucher, les idées de haut et de bas concernent des choses qui existent non seulement simultanément, mais surtout en dehors de notre esprit. Elles ne sont donc pas immédiatement accessibles à la vue. Un aveugle de naissance qui recouvre subitement la vue serait incapable d'appliquer les termes « haut » et « bas » aux nouveaux objets visibles (§ 94-95). S'il voit un objet qui correspond à un homme debout devant lui, il ne jugera l'homme qu'il voit « ni droit ni renversé » (§ 96).

Pourtant, nous *voyons* que l'homme debout devant nous se tient droit. Le haut et le bas sont visibles. Le deuxième moment de la réponse de Berkeley fait valoir que le haut et le bas tangibles peuvent être des objets *médiats* de la vue. Contrairement à l'aveugle de naissance au moment où il recouvre la vue, nos idées visibles ont été associées par l'expérience aux idées tangibles. Nous parvenons ainsi à voir, indirectement, les choses que nous touchons. De même, lorsque l'expérience de l'aveugle de naissance aura tissé des liens appropriés entre les idées de la vue et celles du toucher, celui-ci « percevra, par la vue, la situation des objets extérieurs qui ne relèvent pas proprement de ce sens » (§ 99).

Enfin, le troisième moment met en évidence le rôle crucial de l'*action* dans la mise en relation des idées visuelles avec les idées tactiles. Considérons les actions corrélatives de lever et de baisser les yeux. Lorsque je baisse les yeux, j'ai des sensations kinesthésiques et proprioceptives qui m'indiquent, indépendamment de ce que je vois, la position approximative de l'œil dans l'espace réel. Par ailleurs, de nouveaux objets de la vue font leur apparition, à savoir ceux qui sont causés par les objets réels se trouvant vers le bas. J'en viens donc à appeler « bas » les objets de la vue qui font leur apparition lorsque je baisse les yeux, et « haut » ceux qui font leur apparition lorsque je lève les yeux (§ 96-98) [1].

La solution que Berkeley propose au problème de l'image rétinienne inversée peut alors être résumée de la manière suivante. Mes jugements visuels sur la situation réelle des choses se fondent sur des règles du type suivant : « J'appelle "hauts" (ou "élevés") les objets que je vois distinctement en levant les yeux ». Dans le système de Berkeley, je ne suis pas explicitement ces règles. Mes jugements visuels sur la situation réelle des choses sont rarement le produit d'une inférence. Ils sont spontanés, et reposent sur l'association contingente entre des idées visibles et des idées tangibles. Le point important est que s'ils se conforment à des règles de ce type, ils seront corrects quelle que soit l'orientation de l'image rétinienne relativement à la scène réelle. Je pourrais juger correctement de la situation réelle d'une chose même si mon image rétinienne était droite.

L'ORIENTATION, LA PERCEPTION ET L'ACTION

Telle qu'elle est présentée ici, l'explication de Berkeley est incomplète. En particulier, elle ne rend pas compte du fait que le redressement soudain de l'image rétinienne produit l'impression visuelle que la scène est inversée. Par exemple, si je chausse les lunettes de Stratton, la personne debout devant moi m'apparaîtra visuellement (avant toute adaptation éventuelle) comme ayant la tête en bas. Je pourrai correctement désigner ce qui est en haut dans la scène réelle au moyen de la règle « J'appelle "hauts" (ou

---

1. L'exemple de Berkeley n'a de sens que si je suis debout, la tête droite. La tête peut bouger indépendamment des yeux, et dans une certaine limite indépendamment du reste du corps, de sorte qu'il n'y a aucune relation simple entre la position d'un objet dans le monde extérieur et la position de sa projection sur la rétine.

"élevés") les objets que je vois distinctement en levant les yeux », mais il reste que la tête de la personne devant moi me semble être en bas. Si une règle de ce genre a l'avantage d'être indépendante de l'orientation de l'image rétinienne, elle a l'inconvénient d'être également indépendante de l'orientation de l'espace visuel phénoménal.

Une manière possible de compléter l'explication consiste à affirmer que l'espace visuel a une orientation intrinsèque, c'est-à-dire indépendante de l'orientation de l'espace tangible. L'espace visuel a un haut, un bas, une gauche et une droite propres, avant toute association avec le toucher. Le port des lunettes de Stratton inverse le haut et le bas *phénoménaux*, si l'on veut, de l'espace visuel, tout en préservant les relations avec le toucher qui nous renseignent sur le haut et le bas de l'espace réel (à travers la règle appropriée).

Evans semble considérer que Berkeley est commis à l'idée d'un espace visuel intrinsèquement orienté. Premièrement, suivant l'interprétation canonique, les objets de la vue sont les termes de relations spatiales visuelles, puisque nous sommes capables de former des concepts simultanés d'espace visuel. Nous ne voyons pas seulement de la lumière et des couleurs ; nous voyons que telle étendue de couleur, par exemple, jouxte telle autre étendue de couleur. Mais, en second lieu, la perception visuelle de relations spatiales entre des étendues de couleur est possible seulement si chaque étendue de couleur a une position visuelle propre, indépendante de ses relations avec les autres étendues. La relation entre ces deux points a été bien mise en évidence par Wittgenstein dans les *Remarques philosophiques*. Selon Wittgenstein, si nous adoptons une attitude « phénoménologique » à l'égard de l'espace visuel, c'est-à-dire si nous le considérons « tel qu'il est », indépendamment de l'espace physique, nous devons admettre qu'il est défini par des positions absolues, et non pas seulement par des rapports de position :

> [N]e pourrions-nous pas nous imaginer un espace visuel dans lequel on ne percevrait que certains rapports de positions, mais non pas une position absolue ? [...] Je ne le crois pas. On ne

pourrait pas par exemple percevoir une rotation de l'ensemble de l'image visuelle, ou plutôt elle ne serait pas pensable. Parlons de l'aiguille d'une montre se mouvant tout le long du cadran. (Je suppose que le cadran, comme c'est le cas dans beaucoup de grosses montres, ne porte que des points sans chiffres). Certes nous percevrions alors le mouvement d'un point à un autre – s'il ne se produit pas d'*un* coup – mais, l'aiguille une fois parvenue en un point, nous ne pourrions pas distinguer sa position de celle qu'elle avait au point précédent.

Dans l'espace visuel, il y a position absolue, d'où aussi mouvement absolu. Qu'on s'imagine l'image de deux étoiles dans une nuit d'encre où je ne puis rien voir d'autre qu'elles, celles-ci se mouvant selon un cercle l'une par rapport à l'autre.

On peut dire également que l'espace visuel est un espace orienté, un espace dans lequel il y a un haut et un bas, une droite et une gauche. Et *ces* hauts et bas, droite et gauche n'ont rien à voir avec la pesanteur ou les mains droite et gauche. Ils conserveraient encore leur sens si toute notre vie nous regardions les étoiles à la longue-vue[1].

Dans la *Phénoménologie de la perception*, Merleau-Ponty faisait observer que « nous avons besoin d'un absolu dans le relatif » si nous voulons rendre compte de l'inversion de l'espace visuel juste après l'imposition des lunettes de Stratton[2]. C'est que « toutes les relations objectives du corps et de l'entourage sont conservées dans le nouveau spectacle »[3]. En d'autres termes, l'inversion préserve les relations spatiales visuelles entre les objets visuels, ou leurs rapports de position, mais bouleverse leur position visuelle absolue : ce que je voyais « en haut » m'apparaît à présent « en bas », et *vice versa*.

Selon l'interprétation canonique, la notion d'espace visuel de Berkeley s'apparente à celle de Wittgenstein au début des années 1930 (au moment où il rédige les *Remarques philoso-*

1. L. Wittgenstein, *Remarques philosophiques*, trad. fr. J. Fauve, Paris, Gallimard, 1975, § 206.

2. *Op. cit.*, p. 287.

3. *Op. cit.*, p. 286.

phiques). L'espace visuel est intrinsèquement orienté ou, ce qui revient au même, les positions qui le définissent sont absolues. Par suite, une intelligence visuelle désincarnée pourra voir la différence entre un A et un ∀ (c'est-à-dire un A renversé exactement similaire) présenté dans l'espace visuel, alors même qu'elle ne dispose pas du sens du toucher.

Evans a montré, d'une manière que je trouve convaincante, que la notion d'espace visuel purement phénoménal est incohérente. Selon l'un des arguments qu'il avance, l'existence d'un tel espace engendrerait des faits de position ou d'orientation essentiellement privés [1]. Evans écrit au sujet du philosophe fictif « B », qui défend une position proche de celle de Berkeley :

> B pense sans doute que le champ visuel du sujet a une orientation – quatre côtés différentiables –, de telle sorte que l'expérience de A peut être distinguée de celle de ∀. (Si ce n'était pas le cas, il n'y aurait aucun sens à parler du mouvement à travers le champ visuel, ou de la rotation de quelque élément au sein de celui-ci). Le champ visuel a donc quatre côtés a, b, c et d qui peuvent être identifiés d'une occasion à l'autre, et ce qui rend l'expérience de A différente de celle de ∀, c'est que dans le premier cas, le sommet du A et plus proche du côté a, alors que dans le second cas, il est plus proche du côté c. Or, selon la théorie de B, les côtés du champ visuel ne peuvent pas être distingués entre eux par référence à quoi que ce soit en dehors du champ. Par conséquent, en les identifiant d'une occasion à l'autre, le sujet est engagé à appliquer un concept nécessairement privé – et je crois que Wittgenstein a montré qu'un tel concept était très problématique. Car il ne semble pas y avoir de distinction entre une application correcte et une application incorrecte des noms « a », « b », « c » et « d » [2].

Evans fait allusion ici à l'argument de Wittgenstein, dans les *Recherches philosophiques*, contre la possibilité d'un langage

---

1. L'autre argument avancé par Evans fait valoir que la notion d'un espace visuel phénoménal est une nouvelle manifestation du sophisme de l'homoncule.
2. G. Evans, « Molyneux's Question », dans *Collected Papers*, Oxford, Clarendon Press, 1985, p. 396-397.

essentiellement privé[1]. Ce texte, rédigé dans les années 1950, est une critique implicite de certains thèmes de la philosophie antérieure de Wittgenstein. Cette critique vise notamment la notion d'un espace visuel purement phénoménal. D'un mot, si l'orientation du champ visuel est entièrement détachée du toucher, qui est en prise directe sur le monde extérieur, elle ne sera accessible que de l'intérieur, et le sujet voyant ne pourra pas la communiquer à autrui. On suppose que le sujet est capable de se dire, d'un jour à l'autre, «Tiens, mon espace visuel s'est encore renversé» ou «Tiens, cette fois-ci il ne s'est pas renversé», indépendamment de ce qu'il trouve dans l'espace visuel et de ce qu'il perçoit par le toucher. Comme Wittgenstein l'a montré, cette supposition est problématique, car aucun critère ne permet d'établir si le sujet a raison ou s'il s'est trompé sur l'orientation phénoménale de son espace visuel.

Evans fait valoir que la spatialité de la vision n'est pas une donnée primitive, mais doit être expliquée par référence à la perception tactile, kinesthésique et proprioceptive[2]. Plus précisément, la position dans l'espace visuel est essentiellement déterminée par rapport aux dispositions du sujet à agir dans l'espace réel; elle n'est donc pas purement phénoménale. Le philosophe de la perception George Pitcher écrit à propos de l'idée selon laquelle la position d'un son dans l'espace auditif n'a aucune connexion intrinsèque avec le comportement de l'auditeur :

> [...] supposons que cette idée soit légitime; c'est-à-dire, supposons que la direction d'un son soit une affaire purement auditive, qu'elle soit un aspect parmi d'autres du *sense-datum* auditif du sujet percevant. Dans ce cas, il devrait être logiquement possible pour quelqu'un d'entendre la direction d'un son particulier

---

1. L. Wittgenstein, *Investigations philosophiques*, trad. fr. P. Klossowski, Paris, Gallimard, 1961 (voir surtout § 243-315). Pour une discussion de l'argument du langage privé, voir J. Bouveresse, *Le mythe de l'intériorité. Expérience, signification et langage privé chez Wittgenstein*, Paris, Minuit, 1976, et R. Pouivet, *Après Wittgenstein, saint Thomas*, Paris, PUF, 1997.

2. *Op. cit.*, p. 390-391.

(le chant d'un oiseau, par exemple), tout en ignorant dans quelle direction il doit pointer (ou marcher) s'il doit pointer (ou marcher)dans la direction du son, ou dans quelle direction il doit regarder s'il doit regarder dans cette direction [...] et ainsi de suite pour toutes les capacités apparentées[1].

Souvent, lorsque j'entends un son, mon expérience auditive me fait immédiatement savoir d'où il vient – par exemple, de la gauche. Mon savoir relève essentiellement d'un *savoir-faire* : je sais comment orienter mon action en direction du son (si je devais le faire). Ce qui vaut pour la perception auditive vaut pour les autres modalités sensorielles. Lorsque je vois un objet, mon expérience visuelle me fait immédiatement savoir où il se trouve. Mais la position visuelle d'un objet n'est pas tant phénoménale que pragmatique. Je sais où se trouve l'objet parce que je suis capable, le cas échéant, d'orienter mon action en fonction de sa position dans l'espace réel. En général, la perception d'une position dans l'espace est essentiellement liée à la capacité d'agir relativement à cette position. Evans reprend ici un thème cher à la phénoménologie classique : l'espace de la perception et l'espace comportemental ne font qu'un[2].

Selon l'interprétation canonique, telle qu'elle est reprise et développée par Evans, Berkeley propose une explication pragmatique du concept de distance visuelle, mais refuse de l'étendre aux autres concepts d'espace visuel. Une telle explication fait apparaître le concept de distance visuelle comme un concept spatial sériel : la distance visuelle est définie en termes d'une séquence d'expériences visuo-tactiles. Par contraste, Berkeley persiste à considérer le concept de position visuelle comme un concept spatial simultané. En effet, le concept de position

1. G. Pitcher, *A Theory of Perception*, Princeton (N.J.), Princeton University Press, 1971, p. 189 (cité par Evans, *op. cit.*, p. 383).
2. Le *locus classicus* de la phénoménologie, en ce qui concerne les rapports entre la perception de l'espace et le comportement, notamment à travers la kinesthésie, est E. Husserl, *La chose et l'espace. Leçons de 1907*, trad. fr. J.-F. Lavigne, Paris, PUF, 1989.

visuelle est nécessairement lié à des concepts simultanés de relations spatiales visuelles. Deux objets visibles sont reliés spatialement parce qu'ils ont une position propre dans l'espace visuel. L'espace visuel a une dimension pragmatique, à savoir la profondeur qui permet de voir indirectement les choses à distance, mais ses deux autres dimensions restent purement phénoménales.

LA DISSOLUTION PRAGMATIQUE DE L'ESPACE VISUEL

Berkeley est-il réellement commis à l'idée d'un espace visuel intrinsèquement orienté? Je voudrais faire ici deux remarques, l'une spécifique et l'autre générale. Ma remarque spécifique est que Berkeley a les moyens de résoudre (ou de dissoudre) le problème de l'inversion phénoménale de l'espace visuel sans faire intervenir cette idée. Ma remarque générale est que la notion d'un espace visuel détaché des actions du sujet dans le monde tangible n'est pas une pièce essentielle de la théorie de Berkeley sur la perception visuelle, quelle que soit la position que ce dernier a réellement défendue sur ce point.

Si l'explication de Berkeley dans l'extrait qui nous intéresse ici est incomplète, il n'est pas difficile de la préciser. Sommairement, voir un objet « en haut » ou « en bas », c'est le voir comme le terme d'une certaine relation de proximité avec d'autres éléments de l'espace réel – y compris des parties de mon corps. Supposons que la tête de la personne qui est debout devant moi m'apparaisse visuellement comme « en bas » parce que je viens de chausser les lunettes de Stratton. Il me semble voir sa tête « en bas » parce que mon expérience a associé à la perception visuelle distincte de la tête un ensemble de mouvements qui me conduiraient à la perception visuelle distincte du sol. Je crois savoir que si je baisse un peu les yeux, le sol m'apparaîtra. Je me trompe : si je baissais un peu les yeux, je verrais le tronc de la personne qui me fait face. Si ma perception visuelle est (par définition) véridique en ce qui concerne ses objets propres ou immédiats, elle est illusoire en ce qui concerne ses objets médiats, en l'occurrence la position de ce que je vois dans l'espace réel.

Je crois connaître le chemin qui me conduirait de la tête visible au sol tangible, mais en réalité je l'ignore.

Il me semble donc que l'explication de Berkeley est cohérente et qu'elle ne présuppose pas la notion d'un espace visuel intrinsèquement orienté. L'espace visible n'a un haut, un bas, une gauche et une droite qu'en association avec l'espace tangible. Par conséquent, si une intelligence désincarnée peut voir en même temps plusieurs objets, elle sera incapable de distinguer entre un A et un ∀.

Si mon interprétation de Berkeley est correcte, l'adaptation qui résulte du port prolongé des lunettes de Stratton ne doit pas être décrite comme si l'espace visuel phénoménal se redressait. Ce sont plutôt les *relations* entre les idées visibles et les idées tangibles qui ont changé. Selon l'analogie de Berkeley entre les idées visibles et les signes d'une langue, les idées visibles ont acquis une signification différente, qui nous renseigne à nouveau correctement sur les attendus tactiles de nos perceptions visuelles.

J'en viens à présent à ma seconde remarque. Les tenants de l'interprétation canonique ont peut-être exagéré l'importance que Berkeley accorde aux concepts spatiaux purement visuels. Selon une autre conception, la vue n'est pas un sens spatial du tout. La vue, considérée indépendamment du toucher, n'a aucune signification spatiale. Les seuls concepts spatiaux que l'on peut appliquer sur la base d'une expérience visuelle sont des concepts sériels, c'est-à-dire construits par association dynamique avec le toucher. Le concept de position visuelle est aussi sériel que le concept de distance visuelle. De même, le concept de carré visible n'est pas indépendant de celui de carré tangible. En d'autres termes, il n'existe que par son association dynamique avec le concept de carré tangible. Si les concepts d'espace tactile sont simultanés, tous les concepts d'espace visuel sont sériels.

Selon cette conception, la vue permet, comme le toucher, de représenter simultanément plusieurs objets distincts, mais elle est incapable, à la différence du toucher, de les représenter immédiatement comme les termes de relations spatiales. La perception simultanée d'objets distincts n'est pas forcément une perception spatiale, c'est-à-dire une perception qui *représente* ces objets dans l'espace.

Peut-on attribuer cette conception à Berkeley ? La réponse est délicate dans la mesure où Berkeley parle de l'étendue, de la situation, de la figure et du mouvement *visibles*, comme s'ils étaient indépendants du toucher. Certes, il le fait surtout à propos de sujets dont les idées de la vue suggèrent déjà des idées du toucher. Par exemple, on peut parler d'un groupe d'idées visuelles comme un carré visuel seulement dans la mesure où l'expérience du sujet annonce l'expérience d'un carré tangible. Lorsque Berkeley envisage, à partir du § 153 de l'*Essai*, l'hypothèse d'un ange désincarné, il accorde à un tel être une perception « claire » des objets immédiats de la vue, mais il ne parle plus d'étendue visible. L'ange serait incapable d'acquérir « ne seraient-ce que les premiers éléments de la géométrie plane » (§ 155). Les objets immédiats de la vue ne forment pas une mosaïque de couleurs :

> Tout ce qui est proprement perçu par la faculté visuelle se réduit aux seules couleurs, à leurs variations et aux différents degrés d'ombre et de lumière. Mais la mutabilité et la fugacité incessantes de ces objets immédiats de la vue les rendent incapables d'être arrangés à la manière des figures géométriques […]. Il est vrai que nombre d'entre eux sont perçus simultanément, certains en plus grand nombre et d'autres en moins grand nombre […]. (§ 156).
>
> Ce que nous voyons, au sens strict, ce ne sont pas des solides, ni même des plans diversement colorés, mais c'est seulement une diversité de couleurs. (§ 158).

L'un des passages dans lesquels Berkeley se rapproche le plus, selon moi, de la conception selon laquelle la vue n'est pas un sens (intrinsèquement) spatial est le suivant :

> D'où il suit qu'un aveugle de naissance qui, une fois adulte, accède à la vue, ne distribuerait pas, la première fois qu'il voit, ses idées visuelles dans les mêmes collections distinctes que les autres hommes, qui ont fait l'expérience des idées qui coexistent régulièrement, et qui sont propres à être empaquetées ensemble

sous un seul nom. [...] Les idées qui composent l'homme visible se pressent dans son esprit en compagnie de toutes les autres idées de la vue qu'il perçoit au même moment. Mais toutes ces idées qui s'offrent d'un seul coup à son regard, il ne pourrait pas les distribuer en diverses combinaisons distinctes avant d'arriver, par l'observation du mouvement des parties de l'homme, et par d'autres expériences, à savoir lesquelles doivent être mises ensemble (§ 110).

La description que Berkeley donne de la perception visuelle d'un homme qui accède pour la première fois à la vue ne ressemble guère à celle d'un espace visuel où les objets de la vue sont reliés entre eux par un réseau de relations spatiales. L'homme voit plusieurs objets en même temps, mais il semble être incapable de voir que tel objet est visuellement plus proche d'un deuxième objet que d'un troisième.

CONCLUSION

Sans doute Berkeley lui-même a-t-il hésité entre une conception purement phénoménale de l'espace visuel et la thèse, résolument moderne, selon laquelle l'espace est essentiellement le résultat d'une *interaction*, par le truchement de l'action, entre plusieurs modalités sensorielles[1]. À tout le moins, la solution qu'il propose au problème de l'image rétinienne inversée ne fait pas essentiellement intervenir la notion d'un espace visuel intrinsèquement orienté. La critique d'Evans de cette notion est profonde et légitime, mais il n'est pas clair qu'elle concerne sans ambiguïté la position de Berkeley. Selon Evans, Berkeley s'est rendu coupable d'avoir considéré la spatialité de la vision comme une donnée primitive, indépendante du toucher actif. Selon une autre interprétation, que je me suis bien gardé de défendre sans réserve, Berkeley a plutôt cherché à distinguer

---

1. Pour un développement original de cette thèse, voit l'essai de J. Proust, *Comment l'esprit vient aux bêtes*, Paris, Gallimard, 1997.

entre la simultanéité et la spatialité de la perception visuelle. Si plusieurs objets distincts peuvent être vus en même temps, la perception visuelle est spatialement neutre. Selon cette interprétation, la théorie de la perception visuelle de Berkeley est compatible, au moins dans ses grandes lignes, avec la thèse pragmatiste selon laquelle l'espace de la perception (quelle que soit la modalité sensorielle concernée) fait partie de l'espace du comportement.

TEXTE 2

JOHN MCDOWELL
*L'esprit et le monde**

1) J'ai évoqué deux écueils opposés : d'un côté, un cohé-rentisme qui ne reconnaît pas de contrainte rationnelle externe sur la pensée et donc, comme je le prétends, qui ne peut pas véri-tablement ménager la possibilité d'un contenu empirique ; de l'autre côté, un recul vers le Mythe du Donné, qui offre au mieux des disculpations là où nous avons besoin de justifications. Pour mettre un terme à l'oscillation entre ces deux écueils, j'ai pro-posé de concevoir, à la suite de Kant, la connaissance empirique comme une coopération entre la sensibilité et l'entendement [*understanding*]. Pour éviter de rendre inintelligible la manière dont les produits [*deliverances*] de la sensibilité peuvent entre-tenir des relations fondées avec des exercices paradigmatiques de l'entendement comme les jugements et les croyances, nous devons concevoir cette coopération d'une manière très parti-culière : nous devons insister sur le fait que l'entendement est déjà impliqué de manière inextricable dans cela même que la sensibilité nous présente. Les expériences sont des impres-sions faites par le monde sur nos sens, des produits de la récep-

---

* *L'esprit et le monde* [*Mind and World*], 1994, 3e conférence, « Le contenu non conceptuel », § 1-2, p. 46-49.

tivité, mais ces impressions elles-mêmes ont déjà un contenu
conceptuel.

La thèse selon laquelle le contenu de l'expérience perceptive
est conceptuel, formulée sans autre précision, a sans doute
étonné quelques auditeurs depuis ma première conférence. Je
vais à présent la défendre contre un certain nombre de doutes.

Avant de commencer, je voudrais faire observer que la
question ne peut pas être désamorcée simplement comme une
question de terminologie idiosyncrasique – comme si j'appli-
quais le terme « conceptuel » au contenu de l'expérience tout en
considérant celui-ci de la même façon que mes opposants
lorsqu'ils disent qu'il n'est pas conceptuel, du moins pas de part
en part. Il est essentiel à la conception que je prône que l'expérience a son contenu en vertu de la mise en œuvre, dans la sensibilité, de capacités qui sont des éléments authentiques de la
faculté de spontanéité. Ces mêmes capacités doivent pouvoir
être exercées aussi dans des jugements, ce qui exige qu'elles
soient rationnellement liées à un système entier de concepts et de
conceptions, au sein duquel le sujet ajuste activement et conti-
nuellement sa pensée à l'expérience. De fait, il peut y avoir
d'autres éléments du système qui sont tout à fait incapables de
figurer dans l'expérience. Dans ma dernière conférence, j'ai
défendu la thèse selon laquelle c'est seulement parce que l'expérience implique des capacités relevant de la spontanéité que nous
comprenons l'expérience comme une prise de conscience
[*awareness*], ou une prise de conscience apparente, d'aspects du
monde. La manière dont j'exploite l'idée kantienne de la spontanéité m'engage à une interprétation rigoureuse de mots comme
« concepts » et « conceptuel ». Il est essentiel aux capacités conceptuelles, au sens rigoureux, qu'elles puissent être exploitées
dans la pensée active, une pensée ouverte à la réflexion sur ses
propres lettres de créance rationnelle [1]. C'est ce que j'entends par

---

1. Il vaut la peine de noter, pour aider à faire ressortir le niveau d'exigence de
l'idée pertinente du conceptuel, que cette ouverture à la réflexion implique que le
sujet pensant soit capable de conscience de soi. À ce stade, je relègue ce point en

« conceptuel » lorsque je dis que le contenu de l'expérience est conceptuel.

2) Pour resserrer la discussion, je vais considérer ce que Gareth Evans dit au sujet de cette question.

Evans défend la thèse, également formulée sans autre précision, selon laquelle le contenu de l'expérience perceptive est non conceptuel. Selon Evans, le contenu conceptuel fait sa première apparition, dans le contexte de la perception, dans des jugements basés sur l'expérience. Lorsqu'on forme un jugement sur la base de l'expérience, on passe d'un contenu non conceptuel à un contenu conceptuel.

> Les états informationnels qu'un sujet acquiert à travers la perception sont *non conceptuels*, ou *non conceptualisés*. Les jugements *basés sur* ces états impliquent nécessairement la conceptualisation : en passant d'une expérience perceptive à un jugement au sujet du monde (d'ordinaire exprimable sous une forme verbale), on exerce des capacités conceptuelles de base. [...] Le processus de conceptualisation ou de jugement conduit le sujet d'un état informationnel (doté d'un contenu d'un certain type, à savoir un contenu non conceptuel) à un autre type d'état cognitif (doté d'un contenu d'un type différent, à savoir un contenu conceptuel) [1].

Ces états informationnels non conceptuels sont le résultat du fait que la perception joue son rôle dans ce qu'Evans appelle « le système informationnel » (p. 122). Le système informationnel est le système des capacités que nous exerçons lorsque nous recueillons de l'information au sujet du monde en usant de

---

note, car les enjeux relatifs à la conscience de soi ne seront pas au premier plan avant la Ve conférence.

1. *The Varieties of Reference*, Oxford, Clarendon Press, 1982, p. 237 (les italiques sont dans l'original). Sauf indication contraire, les citations d'Evans dans cette conférence sont tirées de cet ouvrage. Je voudrais d'emblée clarifier le fait que la thèse sur laquelle je vais porter un examen critique n'est pas selon moi essentielle aux propositions centrales du livre profond et important d'Evans. Je reviendrai sur ces propositions dans la Ve conférence.

nos sens (perception), lorsque nous recevons de l'information d'autrui dans la communication (témoignage), et lorsque nous retenons de l'information à travers le temps (mémoire)[1].

Il crucial pour la position d'Evans que « les opérations du système informationnel » soient « plus primitives » que les capacités conceptuelles rationnellement liées entre elles qui ménagent la possibilité de la notion de jugement et d'une notion stricte de croyance (p. 124)[2]. Pour formuler ce point dans les termes que j'ai utilisés : les opérations du système informationnel sont plus primitives que les opérations de la spontanéité. Le point vaut directement pour la perception et la mémoire que, comme le dit Evans, « nous partageons avec les animaux » (p. 124), c'est-à-dire avec des créatures sur lesquelles l'idée de spontanéité n'a aucune prise. Il est remarquable qu'il insiste sur ce point également pour le témoignage : « le mécanisme par lequel nous acquérons de l'information d'autrui […] fonctionne déjà à une étape du développement intellectuel humain qui précède l'applicabilité de la notion plus sophistiquée » (p. 124). Son idée, ici, est qu'une partie importante de la connaissance que nous détenons en vertu du fait que nous avons été exposés à des énoncés est telle que nous n'étions pas alors en mesure de comprendre ces énoncés.

Ainsi, Evans identifie les expériences perceptives à des états du système informationnel, qui possèdent un contenu non conceptuel[3]. Selon Evans, les capacités conceptuelles sont mobilisées en premier lieu lorsqu'on forme un jugement d'expérience, et à ce stade une espèce différente de contenu entre en jeu. Comparons cette conception à celle que j'ai proposée. Selon moi, le contenu d'une expérience perceptive est déjà conceptuel. Un jugement d'expérience n'introduit pas un nouveau type de

---

1. Voir p. 122-129.

2. Je parlerai de la notion stricte de croyance au § 6.

3. Il ne serait pas difficile de préciser la conception d'Evans pour rendre compte du fait que le terme d'« expérience » convient à des occurrences aussi bien qu'à des états.

contenu, mais endosse le contenu conceptuel, ou une partie de celui-ci, que l'expérience sur laquelle il est fondé possède déjà [1].

Il est important de ne pas exagérer cette divergence. Dans la conception d'Evans, les expériences sont des états du système informationnel, et ont en tant que tels un contenu non conceptuel. Mais il n'assimile pas l'idée d'une expérience à celle d'un état informationnel perceptif, produit indépendamment de la spontanéité par les opérations du système informationnel. Au contraire, il insiste sur le fait que les états informationnels perceptifs, avec leur contenu non conceptuel, « ne sont pas *ipso facto* des *expériences* perceptives – c'est-à-dire des états d'un sujet conscient» (p. 157). Selon Evans, un état du système informationnel compte comme une expérience seulement si son contenu non conceptuel peut servir d'« entrée pour un système *pensant, appliquant des concepts* et *raisonnant* » (p. 158), c'est-à-dire seulement si son contenu non conceptuel est accessible à la faculté de spontanéité, qui peut rationnellement former ou retirer des jugements d'expérience sur la base de l'état perceptif. Par conséquent, un état informationnel non conceptuel, produit par l'élément perceptif du système informationnel d'une créature qui n'a pas la faculté de spontanéité, ne compte pas comme une expérience perceptive. Il reste qu'un état qui compte comme une expérience perceptive, en vertu du fait qu'il est accessible à la spontanéité, est en lui-même exactement le même état informationnel non conceptuel. Il possède un contenu non conceptuel indépendamment de la mise en jeu de la faculté de spontanéité.

---

1. Notons que cette fondation ne dépend pas nécessairement d'une transition inférentielle d'un contenu à un autre. Le jugement que les choses sont ainsi [*thus and so*] peut être fondé sur une apparence perceptive que les choses sont ainsi. Cela n'enlève rien à la richesse caractéristique de l'expérience (surtout visuelle). Un jugement d'expérience typique opère une sélection à partir du contenu de l'expérience sur laquelle il est basé; l'expérience qui fonde le jugement que les choses sont ainsi n'est pas nécessairement épuisée par le fait qu'elle présente l'apparence que les choses sont ainsi. La sélection à partir d'une provision de contenu déjà conceptuel n'est pas ce qu'Evans considère que le jugement effectue, à savoir une transition d'un type de contenu à un autre.

COMMENTAIRE [1]

PLAIDOYER POUR UN EMPIRISME MINIMAL

Le texte de John McDowell que je vais commenter est extrait d'un ouvrage intitulé *L'esprit et le monde*[2]. Cet ouvrage, publié en 1994, est lui-même issu d'une série de six conférences que le philosophe britannique a données en 1991 à l'Université d'Oxford dans le cadre des prestigieuses Conférences John Locke.

La thèse générale de l'ouvrage se place dans le cadre de ce que McDowell appelle un «empirisme minimal». McDowell s'attache à rendre compte de la dimension *normative* de la relation entre l'esprit et le monde. Notre faculté de juger vise la vérité d'une manière qui nous rend rationnellement responsables envers le monde. En tant que sujet rationnel, je dois m'efforcer de ne juger que ce qui est le cas, et de raisonner selon l'ordre des choses. Or l'*expérience* joue un rôle crucial dans la formation de nos jugements et dans l'acquisition éventuelle de la connaissance. Par exemple, lorsque je juge qu'il pleut en regardant par la

---

1. John McDowell, *L'esprit et le monde*, 3e conférence, § 1-2.

2. J. McDowell, *Mind and World*, Cambridge (Mass.), Harvard University Press, 1994. Une deuxième édition, publiée en 1996, contient une introduction originale. Cf. *L'esprit et le monde*, trad. fr. Ch. Alsaleh, Paris, Vrin, 2007.

fenêtre, mon jugement dépend d'une manière ou d'une autre de mon expérience visuelle. Il ne semble pas être la conclusion d'un raisonnement ; au contraire, mon jugement qu'il pleut peut être la prémisse d'un raisonnement ultérieur. Intuitivement, si je suis dans un contexte favorable, mon jugement qu'il pleut a valeur de connaissance. Dans la mesure où il est « fondé » sur l'expérience, c'est une connaissance empirique.

La question de McDowell est de savoir comment interpréter cette notion de « fondation ». Par définition, le jugement est un exercice spécifique de capacités conceptuelles. Lorsque je juge qu'il pleut, je déploie un ensemble de concepts qui s'articulent dans une pensée vraie ou fausse. Le jugement a donc un contenu conceptuel. McDowell défend la thèse du contenu conceptuel de l'expérience perceptive, selon laquelle la perception se rapporte au monde et fonde nos jugements parce qu'elle est déjà, elle aussi, un exercice spécifique de capacités conceptuelles. La perception n'est pas un jugement, mais elle implique des capacités conceptuelles qui sont également exercées, quoique de manière différente, dans un jugement. Dans le présent extrait, McDowell oppose sa conception à celle de son ami et ancien collègue à Oxford Gareth Evans, disparu en 1980 à l'âge de 34 ans. Evans est l'auteur d'un livre posthume, intitulé *Les variétés de la référence*, qui a exercé une influence notable sur la philosophie analytique de la fin du xxᵉ siècle [1]. Dans ce livre, édité justement par McDowell, Evans défend la thèse du contenu non conceptuel de l'expérience perceptive, selon laquelle le rapport au monde du sujet dans la perception précède l'exercice et même la possession de capacités conceptuelles. Je vais exposer successivement la position de McDowell et celle d'Evans, en indiquant ce qui m'apparaît comme les arguments les plus importants en faveur de chaque conception. Vers la fin de mon commentaire, je vais essayer de mettre en évidence une tension qui existe à mes yeux

---

1. G. Evans, *The Varieties of Reference*, Oxford, Oxford University Press, 1982.

dans la position de McDowell en faveur de la thèse du contenu conceptuel.

LE MYTHE DU DONNÉ ET LA RÉPONSE COHÉRENTISTE

Au début de sa troisième conférence, McDowell résume une opposition théorique développée dans les conférences précédentes. Il s'agit de l'opposition entre deux conceptions rivales du rapport entre l'expérience perceptive et le jugement. Selon McDowell, aucune de ces conceptions ne devrait en définitive nous satisfaire. Toutefois, nous sommes prisonniers d'une image philosophique qui nous fait croire qu'elles épuisent la gamme des conceptions possibles. Lorsque nous réfléchissons sur les relations entre l'expérience et le jugement, nous sommes pris dans un mouvement pendulaire entre deux extrêmes également inacceptables. McDowell veut mettre un terme à cette oscillation, en rejetant une prémisse implicite à l'origine des deux conceptions.

Les deux conceptions que McDowell décrit comme des écueils sont le *mythe du donné* et le *cohérentisme*. La première conception est celle de l'épistémologie traditionnelle. C'est la thèse selon laquelle nos jugements empiriques sont fondés sur l'appréhension sensorielle de données, ou *sense-data*. Les données sensorielles sont souvent conçues comme des entités qui dépendent de l'esprit, et dont l'appréhension est infaillible ou indéniable. Toutefois, l'idée de donné n'est pas essentiellement liée à ces caractéristiques. Wilfrid Sellars en donne la caractérisation générale suivante :

> L'une des formes que prend le mythe du donné réside dans l'idée qu'il y a, et qu'en fait il *doit y avoir*, une structure factuelle particulière telle que a) chaque fait puisse non seulement être connu sans inférence, mais de plus ne présuppose aucune connaissance supplémentaire d'autres faits particuliers ou de vérités générales ; et b) telle que la connaissance non inférentielle des faits appartenant à cette structure constitue l'ultime cour d'appel de toutes

les autres affirmations factuelles – particulière et générale – portant sur le monde[1].

L'appréhension du donné est *immédiate* en deux sens différents. Premièrement, c'est un fait *non cognitif* ou *non conceptuel*. L'appréhension du donné n'est pas conceptuellement articulée, et elle est indépendante du jugement. Elle est également indépendante d'un processus antécédent d'apprentissage ou de formation de concepts. En second lieu, l'appréhension du donné constitue le fondement de notre connaissance empirique. Elle justifie des jugements et convertit certains d'entre eux à la connaissance.

McDowell suit essentiellement Sellars dans la dénonciation de ce qu'ils considèrent tous deux comme le « mythe » du donné. Leur argument repose sur les notions d'*espace des raisons* et d'*espace des concepts*. L'espace des raisons est constitué par tout ce qui peut être l'objet de justifications, ou le terme de relations rationnelles. Comme Sellars le fait observer, il inclut les états de *connaissance* :

> Le point crucial est [...] qu'en caractérisant comme connaissance un épisode ou un état, nous n'offrons pas une description empirique de cet épisode ou état, mais nous le situons dans l'espace logique des raisons, des justifications et des aptitudes à justifier ce que l'on affirme[2].

Les *croyances* et les *jugements* sont également dans cet espace, en tant que termes de relations de justification[3]. Par exemple, ma croyance que Marie est venue à la fête justifie (dans le contexte dans lequel je me trouve) ma croyance qu'elle a reçu

---

1. W. Sellars, *Empirisme et philosophie de l'esprit*, trad. fr. F. Cayla, Combas, Éditions de l'Éclat, 1992, § 33.

2. *Op. cit.*, § 37.

3. Comme dans la Présentation, je ne fais pas de distinction pertinente, ici, entre la notion de jugement et celle de croyance. La notion « stricte » de croyance à laquelle McDowell fait allusion au § 2 du texte reproduit ici est précisément celle qui relève de l'espace des raisons, et non pas une notion faible de croyance que l'on pourrait aussi attribuer aux animaux non humains.

mon invitation. Si quelqu'un me demande la raison pour laquelle j'affirme qu'elle a reçu mon invitation, je peux me justifier en lui répondant qu'elle est venue à la fête. Les relations de justification incluent des relations strictement logiques, par exemple lorsque je forme une croyance en *déduisant* son contenu de celui d'une autre croyance, et des relations probabilistes, par exemple lorsque je me rends compte que la vérité d'une croyance augmente la probabilité qu'une autre croyance soit vraie. McDowell défend une conception rigoureuse de l'espace des raisons : il a une dimension essentiellement normative, et il requiert la capacité de réflexion critique sur ses propres croyances et sur les méthodes de leur formation. Nul ne peut entrer dans l'espace des raisons s'il n'est pas conscient de lui-même en tant que sujet rationnel.

L'espace des concepts est plus difficile à caractériser indépendamment de l'espace des raisons. C'est le lieu des capacités conceptuelles qui nous permettent d'*identifier*, de *catégoriser* et de *reconnaître* quelque chose. L'exercice de ces capacités impose une *structure propositionnelle* à ce qui est conçu. Je conçois un objet sous quelque aspect spatial, temporel ou « sortal » (au sens où je le conçois comme un objet d'une certaine *sorte*). Ce qui est conçu, en ce sens, doit être exprimé ou décrit au moyen d'une *proposition*, c'est-à-dire un énoncé capable d'être vrai ou faux : « Marie est une femme », « Le Soleil est un astre », « L'explosion était assourdissante », et ainsi de suite.

Dans la définition de Sellars et de McDowell, le mythe du donné est la thèse selon laquelle l'espace des raisons *déborde de* l'espace des concepts. Tout ce qui est dans l'espace des concepts est dans l'espace des raisons, mais la réciproque n'est pas vraie. Les croyances ont un contenu conceptuel, et sont donc à la fois dans l'espace des raisons et dans celui des concepts, mais les expériences sensorielles, conçues comme des épisodes d'appréhension du donné, sont dans l'espace des raisons mais pas dans l'espace des concepts. En d'autres termes, les expériences sensorielles sont capables de justifier des croyances alors même qu'elles n'ont pas de contenu conceptuel.

Sellars considérait le donné comme un mythe car il ne comprenait pas comment un fait non conceptuel pouvait fournir une raison de former une croyance conceptuelle. Il semble y avoir une incommensurabilité rationnelle entre l'appréhension du donné et le jugement propositionnel. McDowell reprend cette critique de Sellars :

> Mais nous ne pouvons pas véritablement comprendre les relations en vertu desquelles un jugement est justifié [*warranted*] sinon comme des relations au sein de l'espace des concepts : des relations comme l'implication ou la probabilisation, dont les termes sont des exercices potentiels de capacités conceptuelles[1].

Par exemple, une sensation de rouge vif, conçue comme un fait non conceptuel, n'implique pas la croyance en la présence d'un objet rouge vif, car l'implication est une relation entre des propositions. Or la sensation, n'étant ni vraie ni fausse, n'est pas une proposition. Pour la même raison, la sensation ne rend pas la vérité de la croyance plus probable. Au mieux, la vérité de cette croyance est rendue plus probable par la *croyance* que le sujet a une sensation de rouge vif, mais alors la question de la justification se pose à nouveau à propos de cette autre croyance.

McDowell objecte à la conception du donné qu'elle véhicule une confusion entre *justification* et *disculpation*. L'attrait initial de cette conception est dû à notre aspiration naturelle à fournir une explication du fait que nos jugements de perception ne sont pas arbitraires ou livrés à eux-mêmes, mais contrôlés par quelque chose d'autre qui les détermine. Comme le donné est par définition non conceptuel, la détermination en question est comprise sur le modèle de la causalité efficiente, c'est-à-dire comme une sorte de « force brute ». De ce point de vue, si mon jugement de perception est critiqué par autrui ou par moi-même à un moment ultérieur, je peux me disculper en citant l'existence de l'expérience qui a déterminé mon jugement. Mais comme le fait remarquer McDowell, « c'est une chose d'être exempté de reproche,

---

1. *Op. cit.*, p. 7.

en raison du fait que l'on peut faire remonter finalement la position dans laquelle nous nous trouvons à une force brute ; c'est toute autre chose que d'avoir une justification » [1]. La conception du donné ignore le caractère *normatif* de la justification, et dénature la responsabilité rationnelle du sujet.

La seconde conception dénoncée par McDowell est le cohérentisme. Elle considère que la perception n'est pas un intermédiaire *épistémique* entre nos jugements et le monde. L'expérience perceptive est incapable de justifier un jugement ou de lui octroyer une valeur de connaissance. Selon Donald Davidson, l'un des représentants majeurs du cohérentisme, « rien ne peut compter comme une raison de former une croyance en dehors d'une autre croyance » [2]. L'expérience perceptive n'est pas une croyance ; elle doit donc se situer en dehors de l'espace des raisons.

Selon la conception du donné, l'espace des raisons excède l'espace des concepts pour inclure l'expérience perceptive. Selon le cohérentisme, l'espace des raisons coïncide avec l'espace des concepts, et l'expérience n'y figure pas. Comme nous allons le voir, la position de McDowell est intermédiaire entre ces deux conceptions. Selon lui, l'espace des raisons coïncide avec l'espace des concepts, mais l'expérience a un contenu conceptuel [3] :

	La perception est dans l'espace des raisons	La perception est dans l'espace des concepts
Mythe du donné	Oui	Non
Cohérentisme	Non	Non
Empirisme minimal	Oui	Oui

1. *Op. cit.*, p. 8.

2. D. Davidson, « A coherence theory of truth and knowledge », dans *Truth and Interpretation : Perspectives on the Philosophy of Donald Davidson*, E. LePore (ed.), Oxford, Blackwell, 1986, p. 310.

3. Dans ce tableau, l'une des quatre positions possibles (dans l'ordre, non et oui) est exclue par le fait que tout ce qui est dans l'espace des concepts est par définition dans l'espace des raisons.

Le reproche principal que McDowell adresse au cohérentisme concerne précisément l'absence de détermination rationnelle de la pensée par l'expérience. La pensée conceptuelle semble tourner à vide, et on voit mal comment nos jugements pourraient avoir un contenu empirique justifié. Selon Davidson, l'expérience peut avoir une influence causale mais non rationnelle sur nos jugements. McDowell reprend ici le dictum kantien : les pensées sans les intuitions (c'est-à-dire sans les expériences) sont vides, et les intuitions sans les concepts sont aveugles. Le cohérentisme rend mystérieuse notre *connaissance* du monde extérieur à travers l'expérience sensorielle.

À cet égard, la conception du donné est logée à meilleure enseigne que le cohérentisme. Son attrait principal réside dans le fait qu'elle promet une explication du fait que nos jugements de perception sont circonscrits par l'expérience perceptive. Le problème de cette conception est que l'explication fournie est incorrecte : elle dépeint l'influence de l'expérience sur le jugement comme une force brute, non rationnelle. Le cohérentisme reconnaît que l'explication fournie par le mythe du donné conduit à une impasse, mais affirme à tort l'impossibilité de toute autre explication.

Spontanéité et réceptivité

Pour dépasser l'opposition entre le mythe du donné et le cohérentisme, la première démarche de McDowell consiste à ramener l'expérience perceptive dans l'espace des concepts. L'expérience a un contenu conceptuel, et donc propositionnel. Elle n'est pas un acte de langage, mais son contenu s'exprime au moyen d'une proposition. Les *mêmes* capacités conceptuelles impliquées dans l'expérience peuvent être impliquées dans un jugement. Comment, dans ce cas, McDowell rend-il compte de la *différence* entre une expérience et un jugement ? McDowell est obligé de rejeter la réponse qui consiste à dire que l'expérience *est* une forme de jugement. Si l'expérience doit pouvoir circonscrire nos jugements de perception, elle ne peut pas être elle-même un jugement de ce genre.

Kant lui-même, dont l'influence sur *L'esprit et le monde* est évidente, formulait deux critères de distinction entre la sensibilité et l'entendement. Le premier critère concerne la *généralité* des concepts produits par l'entendement par opposition à la *singularité* des intuitions produites par la sensibilité : « [L'intuition] se rapporte immédiatement à l'objet et est singulière ; [le concept] médiatement, par l'intermédiaire d'un caractère qui peut être commun à plusieurs choses »[1]. En d'autres termes, Kant associe le conceptuel au général. McDowell rejette ce critère, pour des raisons essentiellement frégéennes[2]. La relation cognitive entre les intuitions et les concepts ne doit pas être conçue sur le modèle de la relation logique entre un sujet et un prédicat. La pensée mobilise des concepts généraux, par l'entremise de termes généraux, mais également des concepts singuliers, par l'entremise de termes singuliers. Les termes singuliers incluent les noms propres, comme « Romain Gary », « l'Himalaya », « La Lune », etc., et des termes déictiques, comme « ceci », « cela », « cet homme », etc., lorsqu'ils sont utilisés dans un contexte où le sujet désigne un objet particulier ou le rend saillant de quelque autre manière. Ainsi, les noms propres sont associés à des concepts singuliers, ou plus précisément à ce que Frege appelait des « sens » ou « modes de présentation » de la dénotation[3]. De même, l'utilisation de termes déictiques dans un contexte particulier peut exprimer un mode de présentation de la chose désignée. Les modes de présentation d'objets particuliers sont

1. E. Kant, *Critique de la raison pure*, trad. fr. A. Renaut, Paris, Aubier, 1997, A 320, B 376-377, p. 346.

2. *Op. cit.*, p. 104-107.

3. G. Frege, « Sens et dénotation », dans *Écrits logiques et philosophiques*, trad. fr. C. Imbert, Paris, Seuil, 1971. Contrairement à la terminologie de Frege, McDowell situe le concept au niveau du sens frégéen, et non à celui de la dénotation. Un concept singulier est le sens d'un terme singulier, alors qu'un concept général est le sens d'un terme général. La pensée, en tant que contenu propositionnel, est le sens d'une phrase.

des constituants *bona fide* de la pensée, au même titre que les concepts généraux. Le conceptuel inclut le général, mais aussi le singulier.

Le second critère kantien concerne la distinction entre *réceptivité* et *spontanéité* :

> Si nous voulons appeler *sensibilité* la *réceptivité* de notre esprit, telle qu'elle consiste à accueillir des représentations en tant qu'il est affecté de quelque manière, en revanche le pouvoir de produire soi-même des représentations, autrement dit la *spontanéité* de notre connaissance, est l'*entendement*[1].

Autrement dit, l'esprit est dit passif lorsqu'il est considéré comme étant *affecté* par quelque chose, alors qu'il est dit spontané lorsqu'il est considéré comme produisant lui-même des concepts. McDowell reprend cette distinction en la modifiant. Selon lui, la différence entre une expérience et un jugement concerne la *manière* dont les capacités conceptuelles sont exercées. Lorsque je vois qu'il pleut, les concepts exprimés par la proposition « Il pleut » sont exercés passivement. Le fait qu'il pleut s'impose à moi dans l'expérience. Par contre, lorsque je juge qu'il pleut, les concepts exprimés par la proposition « Il pleut » sont exercés spontanément. Je produis ces concepts dans le cadre d'un exercice de la pensée conceptuelle active. La spontanéité est le domaine normatif de la compréhension et de l'explication, du contrôle rationnel de soi, de l'autocritique conceptuelle.

La distinction entre réceptivité et spontanéité ne va pas toujours de soi dans le texte de McDowell, en particulier à cause du fait qu'elle est détachée de la thèse kantienne selon laquelle l'esprit est réceptif en tant qu'il est « affecté » par quelque chose. Son rôle dans l'économie de la théorie de *L'esprit et le monde* est un peu plus clair. C'est parce que l'expérience est réceptive que la pensée conceptuelle ne tourne pas à vide, et peut être rationnellement contrainte par le contenu perceptif :

---

1. E. Kant, *op. cit.*, A 51, B 75, p. 144.

Dans l'expérience, nous nous trouvons chargés [*saddled*] de contenu. Nos capacités conceptuelles sont déjà mises en jeu, dans le fait que le contenu nous est accessible sans que nous l'ayons choisi. Le contenu n'est pas quelque chose que nous avons composé nous-mêmes, comme lorsque nous décidons ce qu'il faut dire sur quelque chose. En fait, c'est précisément parce que l'expérience est passive, parce qu'elle est un exemple de la réceptivité en opération, que la conception de l'expérience que je recommande peut satisfaire notre aspiration à limiter la liberté [de la pensée conceptuelle] qui sous-tend le mythe du donné[1].

La connaissance empirique est alors conçue comme une coopération entre la spontanéité du jugement et la réceptivité de l'expérience, sans qu'il soit d'ailleurs possible de déterminer séparément leur contribution respective[2].

LA THÈSE DU CONTENU NON CONCEPTUEL

Au second paragraphe de l'extrait reproduit ici, McDowell confronte la thèse qu'il défend, selon laquelle le contenu de l'expérience est conceptuel, à la thèse opposée avancée par Gareth Evans. Selon Evans, la formation d'un jugement empirique est le passage d'un état mental non conceptuel (l'expérience perceptive) à un état mental conceptuel (le jugement). Elle implique donc un « processus de conceptualisation » de ce qui est perçu. On peut admettre, même si Evans ne le dit pas explicitement, que le contenu de l'expérience et celui du jugement sont propositionnels au *sens minimal* où ils sont tous deux exprimables au moyen d'une proposition. Je vois qu'il pleut, et je juge qu'il pleut sur la base de l'expérience visuelle. La même proposition « Il pleut » peut servir à caractériser à la fois le contenu de

---

1. *Op. cit.*, p. 10.
2. McDowell écrit que « nous ne devons pas supposer que la réceptivité apporte une contribution même notionnellement séparable dans sa coopération avec la spontanéité » (*op. cit.*, p. 51), à moins de reculer à nouveau vers le mythe du donné.

l'expérience et celui du jugement. Mais le fait que le contenu d'un état mental peut être caractérisé au moyen d'une proposition n'implique pas qu'il soit conceptuel.

Selon Evans, le contenu de la perception est déterminé à un niveau plus fondamental que celui où s'exercent nos capacités conceptuelles, à savoir celui qu'il appelle « le système informationnel ». Nos jugements empiriques exploitent un commerce avec le monde qui est plus ancien que la raison. Ce commerce implique notamment des états qui véhiculent naturellement de l'information sur l'environnement sensible du sujet. Ces états informationnels ne dépendent pas de la pensée conceptuelle, mais peuvent être re-décrits comme des *expériences* perceptives (et donc comme des états conscients) si le sujet est capable de conceptualiser leur contenu sous la forme de jugements.

Dans la littérature philosophique, en particulier depuis la parution du livre d'Evans, la notion de contenu non conceptuel a été invoquée à maintes reprises, et pour des raisons assez diverses. Comme le rappelle Pascal Engel, au moins cinq arguments ont été avancés en faveur de la thèse selon laquelle la perception a un contenu non conceptuel [1] :

1) *La richesse du contenu perceptif (ou l'argument du grain sensoriel).* « Ainsi, quelqu'un qui veut placer un piano entre le mur et le bureau est capable de voir comment il pourra placer le piano sans avoir la moindre idée précise de sa taille, de son volume, etc. Le grain du contenu perceptif semble être beaucoup plus fin que celui du contenu conceptuel » [2].

---

1. P. Engel, « Le contenu de la perception est-il conceptuel ? », dans J. Bouveresse et J.-J. Rosat (dir.), *Philosophies de la perception. Phénoménologie, grammaire et sciences cognitives*, Paris, Odile Jacob, 2003. Voir aussi J. Bouveresse, *Langage, perception et réalité*, Nîmes, Chambon, 1995. En anglais, la littérature sur le contenu non conceptuel est considérable. Le recueil édité par Y. H. Gunther, *Essays on Nonconceptual Content*, Cambridge (Mass.), MIT Press, 2003, contient plusieurs textes essentiels.

2. Engel, art. cit., p. 249.

2) *La non-transitivité*. On sait bien depuis Carnap et Goodman que la relation de non-discriminabilité n'est pas transitive. Par exemple, on peut réunir trois échantillons de couleur *a*, *b* et *c* tels que (i) la couleur de *a* ne peut pas être différenciée de celle de *b*, (ii) la couleur de *b* ne peut pas être différenciée de celle de *c*, et pourtant (iii) la couleur de *a* peut être différenciée de celle de *c*. Cette propriété des espaces qualitatifs limite la définition du contenu conceptuel. Par exemple, on ne peut pas dire que l'extension d'un concept de couleur doit inclure tout objet dont la couleur ne peut pas être différenciée de celle de quelque autre objet déjà dans l'extension. Une telle règle est soumise à un « paradoxe sorite » qui fait tomber tous les objets colorés sous le concept !

3) *L'indépendance par rapport aux croyances*. Le paradigme d'un état mental conceptuel est la croyance. Or l'expérience est indépendante de la croyance. Dans l'illusion de Müller-Lyer, je crois que les deux lignes sont égales, mais je continue à avoir l'impression visuelle qu'elles sont inégales.

4) *Les animaux et les enfants*. Les animaux et les enfants ont un rapport perceptif au monde qui a au moins certains traits en commun avec notre rapport perceptif au monde. Pourtant, ils n'ont pas de concepts. Donc la perception en général doit avoir un contenu non conceptuel.

5) *La non-circularité*. L'acquisition des concepts empiriques semble présupposer que nous soyons déjà confrontés dans la perception à au moins quelques objets qui tombent sous ces concepts. Cette confrontation (qui se place par exemple au niveau du « système informationnel ») précède l'exercice et la possession de concepts.

À l'évidence, je ne peux pas présenter et critiquer ici l'ensemble de ces arguments. Je renvoie plutôt au livre de McDowell, qui tente de répondre à chacun d'entre eux. D'un mot, contre le deuxième argument, McDowell formule une règle d'introduction des concepts de qualités qui évite les paradoxes sorites [1]. Nous connaissons déjà la réponse de McDowell au troisième argument : l'indépendance relative de l'expérience par rapport au jugement n'est pas expliquée en termes de contenu non conceptuel, mais en termes de la manière spécifique (à savoir passive) dont les concepts sont exercés dans la perception. Contre le quatrième argument, McDowell distingue soigneusement entre la sensibilité perceptive non conceptuelle des animaux et des enfants et la perception conceptuellement informée des êtres humains adultes. Enfin, il critique le modèle empiriste d'acquisition des concepts qui sous-tend le dernier argument.

Dans le reste de cette section, je vais me concentrer sur le premier argument, qui concerne la finesse de grain de l'expérience sensorielle. En un sens, le contenu de l'expérience perceptive ne semble jamais être épuisé par le contenu de nos jugements de perception. Par exemple, je juge qu'il pleut sur la base de mon expérience visuelle, mais le contenu de celle-ci n'est pas seulement qu'il pleut ; je perçois maints autres aspects de la scène sur lesquels je n'ai porté aucun jugement. La théorie de McDowell peut rendre compte de la richesse de l'expérience en ce sens. Le contenu du jugement procède toujours d'une *sélection* du contenu de l'expérience, qui reste conceptuel de part en part (cf. la note 6 de notre extrait).

Toutefois, on peut mettre en évidence un sens plus fort dans lequel le contenu de l'expérience perceptive est plus riche que celui du jugement. Il semble que l'on ne puisse pas spécifier le contenu de l'expérience, même en principe, sans l'appauvrir et perdre ainsi de l'information. Comme Evans l'écrit :

> [U]ne explication du fait d'être dans un état informationnel non conceptuel en termes de dispositions à exercer des concepts ne

1. McDowell, *op. cit.*, p. 170-171. La règle est qu'un objet tombe sous le concept déictique *cette nuance* si et seulement si sa couleur ne peut pas être différenciée de *celle de l'échantillon désigné*. En d'autres termes, les concepts déictiques de couleur sont ancrés sur les échantillons particuliers qui présentent la nuance conceptualisée. Cet ancrage empêche la dérive sorite. Élisabeth Pacherie et moi critiquons cette réponse de McDowell dans « Shades and Concepts », *Analysis*, 61/3, 2001, p. 193-201.

peut être fournie que si le grain de ces concepts est supposé être indéfiniment fin – mais cela a-t-il un sens ? Comprenons-nous réellement la suggestion selon laquelle nous avons autant de concepts de couleur qu'il y a de nuances de couleur que nous sommes capables de distinguer au moyen des sens[1] ?

Par exemple, j'observe les effets de la lumière changeante sur le mur. La couleur du mur passe d'une nuance de rouge à l'autre. Le vocabulaire me manque pour décrire ce que je vois. Je possède le terme « rouge » et quelques termes apparentés, comme « rouge clair », « rouge foncé », « rose » ou « magenta ». Mais c'est insuffisant pour décrire les nuances infimes de rouge que je suis capable de distinguer sur la base de mon expérience visuelle.

L'argument de la finesse du grain sensoriel concerne en principe toutes les modalités sensorielles et, au sein d'une même modalité, tous les espaces qualitatifs (par exemple, pour la couleur, son ton, sa clarté et son intensité). À la suite d'Evans, Christopher Peacocke écrit à propos de la perception visuelle des formes :

> [U]ne expérience peut avoir un contenu plus fin que ce qui peut être formulé au moyen des concepts que le sujet possède. Si j'observe une chaîne de montagnes, il peut être correct de dire que je vois certaines d'entre elles comme arrondies, d'autres comme pointues. Mais le contenu de mon expérience visuelle est beaucoup plus spécifique que ce que cette description indique[2].

Selon l'argument du grain sensoriel, le jugement de perception ne peut pas se contenter d'« endosser », même partiellement, le contenu de l'expérience. Il doit d'abord procéder à une conceptualisation de ce qui est perçu. Le contenu de l'expérience perceptive est non conceptuel.

McDowell répond à l'argument du grain sensoriel dans la troisième conférence de *L'esprit et le monde* (p. 56-60). Selon lui, l'observation d'Evans est correcte seulement pour les concepts *descriptifs* de couleur, comme « rouge foncé », « ma-

1. *Op. cit.*, p. 229.
2. C. Peacocke, *A Study of Concepts*, Cambridge (Mass.), MIT Press, 1992, p. 111.

genta » ou « bleu azur ». L'extension d'un concept descriptif de ce type comporte des nuances de couleur sensiblement différentes. Par exemple, si ce que je désigne par le terme « rouge foncé » est déjà une nuance de rouge, il y a un grand nombre de nuances de rouge foncé que je suis capable de distinguer visuellement. Or McDowell affirme que nous pouvons faire entrer dans la pensée conceptuelle beaucoup plus de nuances de couleur que nous avons de termes pour les décrire. En plus des concepts descriptifs, nous sommes capables de former des concepts *déictiques* de couleur. L'extension des concepts chromatiques déictiques est une ligne sur le spectre des couleurs, et non pas une bande plus ou moins large comme dans le cas des concepts descriptifs.

Qu'est-ce qu'un concept déictique de couleur ? Disons pour l'instant que la saisie d'un concept déictique (du grec *deixis*, désignation) exploite la *présence perceptive*, par exemple visuelle, de ce qui est conceptualisé. Supposons que je sois en présence visuelle d'un objet coloré. Je peux parler de *cette nuance* de rouge, même si je n'ai pas les moyens de la décrire de manière univoque. Il suffit que je montre l'objet, ou qu'il soit saillant pour moi de quelque autre manière. De même, supposons que je sois en présence visuelle de deux objets, l'un à gauche et l'autre à droite. Les deux objets présentent deux nuances de rouge que je parviens tout juste à distinguer. Je peux former le jugement que *cette nuance-ci* (en montrant l'objet de gauche) n'est pas la même que *cette nuance-là* (en montrant l'objet de droite).

Selon McDowell, je peux ainsi *exprimer* le fait qu'un objet présente une nuance spécifique, ou qu'une paire d'objets présente deux nuances différentes, même si le vocabulaire me manque pour *décrire* la nuance ou la différence chromatique en question. Contrairement aux concepts descriptifs, l'expression des concepts déictiques requiert l'utilisation d'un objet coloré lui-même comme *exemplaire* ou *échantillon* de la nuance conceptualisée. La pauvreté de notre vocabulaire chromatique est compensée par la possibilité d'utiliser un objet non strictement linguistique comme l'expression partielle de concepts chromatiques beaucoup plus spécifiques.

Selon McDowell, la capacité de former des concepts déictiques de ce genre peut être invoquée dans le cadre d'une réponse à l'argument de la finesse du grain sensoriel :

> Pourquoi ne pas dire que nous avons ainsi les moyens de faire entrer des nuances de couleur dans notre pensée conceptuelle avec le même degré de précision que lorsqu'elles sont présentées dans notre expérience visuelle, de sorte que nos concepts peuvent rendre compte de couleurs de manière non moins exacte que celle avec laquelle notre expérience nous les présente [1] ?

La capacité de former des concepts déictiques permet ainsi d'établir une correspondance biunivoque entre les plus petits éléments qualitatifs que nous sommes capables de distinguer sur la seule base de l'expérience et les éléments conceptuels impliqués dans les jugements que nous pouvons former sur ces éléments.

McDowell considère que la procédure qui consiste à exploiter la présence perceptive d'un échantillon de couleur pour introduire un nouveau concept chromatique dans son répertoire conceptuel est soumise à une condition cruciale. La perception d'une nuance déterminée de rouge est l'exercice d'une capacité conceptuelle authentique seulement si « la même capacité [conceptuelle] à envisager une couleur à l'esprit peut en principe persister au-delà de la durée de l'expérience elle-même » [2]. Pour que mon concept déictique ne soit pas entièrement absorbé par son objet, c'est-à-dire qu'il ait la distance logique nécessaire avec les nuances réelles qui tombent sous lui, il doit être possible de le saisir même après que l'échantillon a disparu du champ visuel. Si cette condition n'était pas remplie, nous nous trouverions, selon McDowell, dans une situation analogue à celle, décrite par Wittgenstein, de la personne qui déclare connaître sa taille et qui,

1. J. McDowell, *op. cit.*, p. 56.
2. *Ibid.*, p. 57.

en guise de preuve, place sa main au sommet de sa tête. Dans une telle situation, le prédicat déictique dans « Je suis grand *comme ça* » (c'est-à-dire « être grand comme ça ») serait un *flatus voci*, et n'exprimerait aucun *concept* attribuable au sujet.

La même capacité conceptuelle qui me permet de penser, en présence d'un morceau de tissu, « Il a cette nuance de couleur » doit pouvoir me permettre de penser un peu plus tard, en l'absence de cet échantillon, « Il avait cette nuance de couleur ». Selon McDowell, cette capacité est « récognitionnelle », au sens où elle me donne les moyens, au moins en principe et pendant une période limitée, de *réidentifier* la même nuance, instanciée ou non par le même morceau de tissu, à travers différents tableaux perceptifs.

LA TRANSPARENCE DE LA PERCEPTION

Une autre objection contre la thèse selon laquelle l'expérience perceptive a un contenu conceptuel est issue du cohérentisme lui-même. Considérons l'un des arguments de Davidson en faveur du cohérentisme. Supposons qu'une expérience perceptive soit capable de justifier un jugement. Elle doit donc avoir un contenu propositionnel. Le sujet doit avoir l'impression perceptive que *p*, pour quelque proposition *p*. Par exemple, il doit avoir l'impression visuelle *qu'il pleut*. Selon Davidson, l'octroi à l'expérience d'un contenu propositionnel revient à la considérer comme un *émissaire*. Le rôle d'un émissaire est de nous transmettre un message, vrai ou faux. Or si nous concevons l'expérience comme un émissaire, il faut tenir compte de la possibilité qu'elle « mente », ou en tout cas qu'elle ne nous « dise » pas la vérité. Par suite, l'expérience qu'il pleut ne peut pas *confirmer* ma croyance qu'il pleut – ce qui confirme ma croyance, ce sont les raisons indépendantes que j'ai de croire que mon expérience me « dit » la vérité [1].

---

1. Davidson, art. cit., p. 312. J'examine plus en détail cet argument dans J. Dokic, « Le dualisme forme/contenu et la théorie de la perception », *Cahiers*

Il n'est pas évident que la notion de passivité, invoquée par McDowell pour expliquer la différence entre une expérience et un jugement, soit suffisante pour répondre à l'argument de Davidson. Le fait qu'un contenu propositionnel s'impose à nous dans la perception est à première vue compatible avec l'image de l'expérience comme un émissaire. Certes, McDowell rejette cette image, mais la raison ultime qu'il invoque est différente. L'image d'un émissaire est celle d'un intermédiaire qui transmet un message, vrai ou faux. Or la perception ne doit pas être conçue comme un intermédiaire entre le jugement et le monde. Lorsque l'expérience est véridique, elle constitue une *ouverture* du sujet sur le monde :

> *Que les choses sont ainsi* [*that things are thus and so*] est le contenu conceptuel d'une l'expérience, mais si le sujet de l'expérience n'est pas victime d'une illusion, cette même chose, *que les choses sont ainsi*, est aussi un fait perceptible, un aspect du monde sensible[1].
>
> [L]orsque nous ne sommes pas trompés par l'expérience, nous sommes directement confrontés à un état de choses mondain; nous n'avons pas affaire à un intermédiaire qui se trouve dire la vérité[2].

Comme l'expérience véridique est transparente, c'est envers le monde lui-même que nos jugements de perception sont rationnellement responsables[3]. On pourrait dire, si l'on veut, que l'expérience présente toujours son contenu comme vrai, non pas au sens où elle se justifie elle-même, mais au sens où ce qu'elle présente est le fait perçu lui-même, sans intermédiaire. L'expérience est « véridique » non pas au sens où elle est chargée de

---

de la Maison des Sciences de l'Homme, n° 29, 7, Caen, Presses Universitaires de Caen, 1996, p. 83-112.

1. *Ibid.*, p. 26.
2. *Ibid.*, p. 143.
3. Cette notion de transparence est différente de celle que j'ai introduite dans la présentation. Il ne s'agit pas ici de la transparence référentielle de certains comptes-rendus de perception, mais de la propriété phénoménologique qu'a l'expérience véridique de présenter directement le fait perçu au sujet.

transmettre au sujet un message qui se trouve être vrai, mais au sens où elle met directement le sujet en rapport avec des faits sensibles.

McDowell défend donc une thèse de l'identité entre le contenu de l'expérience véridique et le fait perçu. En fait, cette thèse est un cas particulier d'une conception plus générale du contenu propositionnel. Le contenu d'un jugement vrai, en tant que pensée conceptuelle, est également identique à un fait :

> Il n'y a pas d'hiatus ontologique entre le genre de choses que l'on peut signifier, ou plus généralement le genre de choses que l'on peut penser, et le genre de choses qui peut être le cas. Lorsque l'on pense vrai, ce que l'on pense *est* ce qui est le cas. Par suite, puisque le monde est tout ce qui est le cas (comme [Wittgenstein] l'a écrit), il n'y a pas d'hiatus entre la pensée, en tant que telle, et le monde[1].

Supposons qu'il pleuve, et que je juge qu'il pleut. En un sens, c'est le fait qu'il pleut dans le monde qui *rend vrai* mon jugement. Mais selon McDowell, il ne faut pas concevoir ce fait comme une entité *distincte* du contenu de mon jugement. La relation entre le contenu de mon jugement et le fait qu'il pleut n'est pas une relation de correspondance, mais une relation d'identité : puisque je juge vrai, ce que je juge *est* ce qui est le cas dans le monde.

L'image de McDowell de l'expérience comme ouverture sur le monde est en quelque sorte le complément de l'image de Davidson de l'expérience comme émissaire. La notion d'ouverture est définie en partie par la thèse de l'identité entre le contenu de l'expérience véridique et le fait perçu. Toutefois, elle ne peut pas être définie seulement de cette façon. La thèse de l'identité n'est pas spécifique à l'expérience, mais concerne également le jugement. Or McDowell réserve l'image de l'ouverture à l'expérience. L'expérience nous ouvre sur le monde en un sens spécifique, qui implique que le jugement, même vrai, ne le fait pas.

---

1. *Ibid.*, p. 26.

Selon McDowell, la notion de passivité constitue l'autre composante indispensable de l'image de l'ouverture. L'expérience perceptive véridique nous ouvre sur le monde parce que, d'une part, son contenu est identique au fait perçu et, d'autre part, elle constitue l'exercice passif de capacités conceptuelles.

LA CONCEPTION SYMBOLIQUE DE L'INDEXICALITÉ

Dans cette section et la suivante, je vais essayer de montrer que McDowell ne peut pas maintenir simultanément sa réponse à l'argument du grain sensoriel et sa critique de l'image de l'expérience comme un émissaire. Par suite, la thèse du contenu non conceptuel reste une option théorique ouverte.

Comme nous l'avons vu, McDowell répond à l'argument du grain sensoriel en revendiquant la possibilité de former des concepts déictiques relatifs aux qualités que nous sommes capables de distinguer dans la perception. Les concepts déictiques font partie des concepts *indexicaux*, c'est-à-dire des concepts dont l'expression fait intervenir des mots comme « ceci », « cela », « je », « ici », « maintenant », etc., dont la dénotation varie en fonction du contexte de leur énonciation. Par exemple, la dénotation de « je » varie en fonction de l'*auteur* de l'énonciation, la dénotation de « ici » varie en fonction du *lieu* de l'énonciation, la dénotation de « maintenant » varie en fonction du *moment* de l'énonciation, et la dénotation de « ceci » varie en fonction de l'*objet rendu saillant* par l'auteur de l'énonciation [1].

Or la théorie de McDowell présuppose une certaine conception de l'indexicalité, qui est l'héritière de remarques fondatrices de Frege et de Wittgenstein. Selon cette conception, la pensée conceptuelle indexicale s'« appuie » sur la réalité perçue et augmente les ressources expressives du sujet. Dans « La pensée »,

---

1. Pour une introduction à la théorie de l'indexicalité, voir E. Corazza et J. Dokic, *Penser en contexte. Le phénomène de l'indexicalité*, Combas, Éditions de l'Éclat, 1993.

qui date de 1918, Frege évoque le problème que posent les expressions indexicales pour sa théorie de la pensée. Dans la mesure où la dénotation des expressions indexicales est susceptible de varier avec le contexte d'énonciation, la valeur de vérité des phrases indexicales peut changer d'une situation à l'autre. Par exemple, la phrase « J'ai raison, tu as tort » peut être utilisée pour dire différentes choses selon l'identité du locuteur et de celui à qui il s'adresse. Or Frege considère que la *pensée* exprimée par ces phrases en contexte est vraie ou fausse de manière absolue, et non relativement au locuteur ou à quelque autre paramètre. Il tente alors d'expliquer comment les phrases indexicales peuvent exprimer une pensée complète dans un contexte déterminé :

> [...] il arrive que le simple énoncé verbal, ce que fixent l'écriture et le phonographe, *ne suffise pas à l'expression de la pensée.* [...] Si le temps présent comporte [...] une indication de temps, il faut savoir quand a été prononcée la proposition pour comprendre correctement la pensée. Le temps où les paroles sont prononcées est alors *une partie de l'expression de la pensée.*
>
> Dans tous les cas semblables [c'est-à-dire, tous les cas d'expression indexicale], le simple énoncé verbal, tel qu'il peut être fixé par l'écriture, *n'est pas l'expression complète de la pensée.* Pour la comprendre correctement, il faut connaître en outre les circonstances qui accompagnent les paroles et qui servent à l'expression de la pensée. On peut ajouter les signes du doigt, les gestes, les regards[1].

Dans un manuscrit intitulé « Logik », daté de 1897 mais publié à titre posthume, Frege avait déjà défendu cette conception de l'indexicalité :

> Dans bien des cas, le mot prononcé demande [...] à être complété par les gestes et les expressions du locuteur, ainsi que les circonstances qui les accompagnent.

---

1. G. Frege, « La pensée », *loc. cit.*, p. 178. Voir aussi W. Künne, « Hybrid Proper Names », *Mind* 101/404, 1992, p. 721-731.

Des mots comme « ici » et « maintenant » n'acquièrent jamais leur plein sens que par les circonstances dans lesquelles ils sont utilisés. Si quelqu'un dit « Il pleut », alors il faut fournir le temps et le lieu. Une telle phrase, lorsqu'elle est écrite, n'a souvent plus de sens complet, parce que rien n'y indique par qui, où et quand elle est prononcée. S'agissant d'une phrase comme « Cette rose est belle », l'identité de celui qui la prononce est essentielle pour son sens, même si le mot « je » n'y figure pas.

[…] la même phrase n'exprime pas toujours la même pensée, parce que les mots ont besoin d'être complétés pour obtenir un sens complet, et que cette complétion peut différer selon les circonstances[1].

Dans ces passages, Frege exprime clairement l'idée selon laquelle les phrases indexicales expriment des pensées complètes, vraies ou fausses de manière absolue, seulement en combinaison avec le contexte de l'énonciation. L'*expression* de la pensée est une entité « hybride », faite de signes linguistiques mais aussi de circonstances extra-linguistiques. Si ces circonstances sont absentes, on ne peut même pas *exprimer* une pensée cohérente, vraie ou fausse.

Cette conception de l'indexicalité a été formulée, dans des termes différents, par Wittgenstein (qui a certainement lu « La pensée » de Frege). Dans les *Remarques philosophiques*, le philosophe viennois écrit :

Ce qu'il y a de caractéristique dans les propositions du type « C'est… » se ramène à ceci que, d'une façon ou d'une autre, la réalité entre dans le symbole en restant en dehors de ce qu'on appelle le système des signes[2].

Ce que Wittgenstein appelle « le signe » est une entité proprement linguistique, c'est-à-dire un mot ou un ensemble de

1. G. Frege, *Écrits posthumes*, trad. fr. Ph. de Rouilhan et C. Tiercelin (dir.), Nîmes, Chambon, 1994, p. 158-159.

2. L. Wittgenstein, *Remarques philosophiques*, trad. fr. J. Fauve, Paris, Gallimard, 1975, § 95.

mots. Ce qu'il appelle « le symbole » est constitué par le signe associé à tout indice non linguistique le complétant. Seul le symbole est habilité à désigner quoi que ce soit. À la limite, en ce qui concerne les expressions non indexicales, le symbole se réduit au signe. Mais la distinction est cruciale dans le cas des expressions indexicales. Par exemple, le mot « cette nuance de rouge » ne désigne rien à lui seul. Par contre, le symbole constitué de ce mot, d'un éventuel geste indicateur et d'un échantillon de rouge désigne une qualité spécifique. L'idée de Wittgenstein est que la réalité elle-même joue ici le rôle symbolique normalement assumé par la langue (dans le cas des expressions non indexicales).

L'INDEXICALITÉ RÉFÉRENTIELLE ET PRÉDICATIVE

La conception frégéo-wittgensteinienne de l'indexicalité semble conduire naturellement vers la thèse de l'identité entre le contenu de la perception et le fait perçu. En effet, elle permet à première vue de rendre compte de la perception au moyen d'une dichotomie entre, d'une part, l'exercice de capacités conceptuelles et, d'autre part, le fait perçu, sans faire essentiellement intervenir un étage intermédiaire constitué d'*impressions sensibles* non conceptuelles.

Par exemple, il ne suffit pas d'avoir l'*impression* d'avoir une table devant soi pour introduire un concept déictique référentiel, du type « cette table ». En supposant que la table est perçue pour la première fois (de sorte qu'elle n'est pas reconnue par le sujet comme une table qu'il a déjà vue par le passé), l'introduction du concept exprimé par « cette table » dépend de l'existence *réelle* de la table. Dans la terminologie de Wittgenstein, la table fait partie du symbole qui permet au sujet de la faire entrer dans sa pensée conceptuelle.

La conception frégéo-wittgensteinienne de l'indexicalité convient moins bien aux concepts déictiques *prédicatifs*, à savoir ceux qui désignent non pas une entité particulière, comme la table, mais une *qualité*, comme une nuance spécifique de rouge.

En effet, la saisie des concepts déictiques prédicatifs ne s'appuie pas directement sur la réalité, comme dans le cas des concepts déictiques référentiels. Elle s'appuie plutôt sur l'*expérience* de la réalité. Si j'ai l'expérience d'une nuance spécifique de rouge, je peux former un concept déictique que j'exprime au moyen des mots « cette nuance de rouge ». Or intuitivement, je peux former un tel concept même si je suis victime d'une illusion, et que rien dans mon environnement ne présente la nuance de rouge en question. L'*impression* qu'une qualité chromatique est exemplifiée suffit apparemment à faire entrer celle-ci dans la pensée conceptuelle. Il ne semble pas nécessaire d'insister sur le caractère véridique de cette impression. Elle peut fonder un concept déictique prédicatif même si elle est illusoire, et qu'aucun objet ne présente réellement la qualité désignée.

Il semble donc y avoir une asymétrie entre les concepts déictiques référentiels et les concepts déictiques prédicatifs. En un sens, ils relèvent de deux formes d'indexicalité différentes. Seuls les premiers instaurent une relation directe, *hic et nunc*, entre le sujet et le monde sensible. La maîtrise des seconds à un moment donné n'exploite aucune véhicule *extérieur à l'esprit*, comme un échantillon. Leur analyse nous conduit apparemment à introduire un niveau d'expérience intermédiaire entre l'exercice de la pensée conceptuelle et la réalité perçue.

Si j'ai raison, il y a une tension entre la réponse de McDowell à l'argument du grain sensoriel et la critique de l'image de l'expérience comme un émissaire. D'une part, McDowell cherche à rendre compte de la finesse du grain sensoriel en revendiquant la possibilité de former des concepts déictiques prédicatifs, en augmentant à la demande, pour ainsi dire, les ressources expressives limitées du sujet. D'autre part, il substitue à l'image de l'expérience comme un émissaire la thèse de l'identité entre le contenu de la perception et le fait perçu. La tension est que la thèse de l'identité compromet l'analyse correcte des concepts déictiques prédicatifs et de leur rapport spécifique à l'expérience.

De ce point de vue, la thèse du contenu non conceptuel apparaît comme une position ouverte. Selon cette thèse, l'expérience a une dimension intentionnelle propre, différente de celle qui caractérise la pensée conceptuelle. Elle permet au sujet d'enrichir son répertoire conceptuel en introduisant, d'une manière qui dépend du contexte, des concepts « fins » de qualités sensibles. Lorsque la pensée introduit de tels concepts, elle s'appuie sur l'*expérience* de qualités spécifiques, pour lesquelles le sujet ne dispose pas toujours de concepts au préalable, et non pas directement sur la réalité sensible. Cette expérience a un contenu non conceptuel.

Bien entendu, le partisan de la thèse du contenu non conceptuel de l'expérience perceptive doit encore répondre à l'argument cohérentiste de Davidson. La question est de savoir dans quelle mesure la thèse du contenu non conceptuel, par exemple telle qu'Evans la formule, est tributaire de l'image de l'expérience comme un émissaire. Cette question est encore aujourd'hui largement ouverte.

TABLE DES MATIÈRES

Imprimerie de la Manutention à Mayenne (France) – Juillet 2009 – N° 179-09
Dépôt légal : 3ᵉ trimestre 2009

DANS LA MÊME COLLECTION

Hicham-Stéphane AFEISSA, *Qu'est-ce que l'écologie ?*

Bruno AMBROISE, *Qu'est-ce qu'un acte de parole ?*

Jean-Pascal ANFRAY, *Qu'est-ce que la nécessité ?*

Alain ANQUETIL, *Qu'est-ce que l'éthique des affaires ?*

Anne BAUDART, *Qu'est-ce que la démocratie ?*

Bruno BERNARDI, *Qu'est-ce qu'une décision politique ?*

Christian BERNER, *Qu'est-ce qu'une conception du monde ?*

Hélène BOUCHILLOUX, *Qu'est-ce que le mal ?*

Christophe BOURIAU, *Qu'est-ce que l'humanisme ?*

Christophe BOURIAU, *Qu'est-ce que l'imagination ?*, 2ᵉ édition

Alain CAMBIER, *Qu'est-ce que l'État ?*

Alain CAMBIER, *Qu'est-ce qu'une ville ?*

Patrice CANIVEZ, *Qu'est-ce que la nation ?*

Stéphane CHAUVIER, *Qu'est-ce qu'un jeu ?*

Stéphane CHAUVIER, *Qu'est-ce qu'une personne ?*

Paul CLAVIER, *Qu'est-ce que la théologie naturelle ?*

Jean-Pierre CLÉRO, *Qu'est-ce que l'autorité ?*

Marc DE LAUNAY, *Qu'est-ce que traduire ?*

Guy DENIAU, *Qu'est-ce que comprendre ?*

Julien DEONNA et Fabrice TERONI, *Qu'est-ce qu'une émotion ?*

Jérôme DOKIC, *Qu'est-ce que la perception ?*

Éric DUFOUR, *Qu'est-ce que le cinéma ?*

Éric DUFOUR, *Qu'est-ce que la musique ?*

Hervé GAFF, *Qu'est-ce qu'une œuvre architecturale ?*

Pierre GISEL, *Qu'est-ce qu'une religion ?*

Jean-Yves GOFFI, *Qu'est-ce que l'animalité ?*

Gilbert HOTTOIS, *Qu'est-ce que la bioéthique ?*

Catherine KINTZLER, *Qu'est-ce que la laïcité ?*, 2ᵉ édition

Sandra LAPOINTE, *Qu'est-ce que l'analyse ?*

Michel LE DU, *Qu'est-ce qu'un nombre ?*

Pierre LIVET, *Qu'est-ce qu'une action ?*, 2ᵉ édition

Lorenzo MENOUD, *Qu'est-ce que la fiction ?*

Michel MALHERBE, *Qu'est-ce que la politesse ?*

Michel MEYER, *Qu'est-ce que l'argumentation ?*, 2ᵉ édition

Paul-Antoine MIQUEL, *Qu'est-ce que la vie ?*

Jacques MORIZOT, *Qu'est-ce qu'une image ?*, 2ᵉ édition

Gloria ORIGGI, *Qu'est-ce que la confiance ?*

Roger POUIVET, *Qu'est-ce que croire ?*, 2ᵉ édition

Roger POUIVET, *Qu'est-ce qu'une œuvre d'art ?*

Manuel REBUSCHI, *Qu'est-ce que la signification ?*

Dimitrios ROZAKIS, *Qu'est-ce qu'un roman ?*

Franck VARENNE, *Qu'est-ce que l'informatique ?*

Hervé VAUTRELLE, *Qu'est-ce que la violence ?*

Joseph VIDAL-ROSSET, *Qu'est-ce qu'un paradoxe ?*

John ZEIMBEKIS, *Qu'est-ce qu'un jugement esthétique ?*